中共青海省委党校、青海省行政学院、青海省社会主义学院出版资助项目

青海党校学者文库（2020）

仪式与族群认同

金沙江流域一个村落的人类学研究

夏吾交巴 著

中国社会科学出版社

图书在版编目（CIP）数据

仪式与族群认同：金沙江流域一个村落的人类学研究 / 夏吾交巴著.
—北京：中国社会科学出版社，2020.8
ISBN 978-7-5203-6716-5

Ⅰ.①仪⋯　Ⅱ.①夏⋯　Ⅲ.①金沙江流域—文化人类学—研究
Ⅳ.①K297

中国版本图书馆 CIP 数据核字（2020）第 113310 号

出 版 人	赵剑英
责任编辑	王莎莎
责任校对	张爱华
责任印制	张雪娇

出　　版	中国社会科学出版社
社　　址	北京鼓楼西大街甲 158 号
邮　　编	100720
网　　址	http://www.csspw.cn
发 行 部	010-84083685
门 市 部	010-84029450
经　　销	新华书店及其他书店

印刷装订	北京市十月印刷有限公司
版　　次	2020 年 8 月第 1 版
印　　次	2020 年 8 月第 1 次印刷

开　　本	710×1000　1/16
印　　张	11.5
插　　页	2
字　　数	157 千字
定　　价	78.00 元

凡购买中国社会科学出版社图书，如有质量问题请与本社营销中心联系调换
电话：010-84083683
版权所有　侵权必究

总　序

习近平总书记强调，党校要坚持以马克思主义为指导，在研究上多下功夫，多搞"集成"和"总装"，多搞"自主创新"和"综合创新"，为建设具有中国特色、中国风格、中国气派的哲学社会科学体系作出贡献。要发挥自己马克思主义基本理论学科优势，认真研究、宣传、阐述党的思想理论，加强党的基本理论研究，更加及时地发出中国声音、更加鲜明地展现中国思想、更加响亮地提出中国主张。

六十余载沧桑巨变，一甲子春华秋实。半个多世纪以来，青海党校系统在聚焦主业主课、教育培训党员领导干部的同时，孜孜于学术研究、致力于理论创新，求真务实地记录历史、积累智慧、积淀文化。一批苦心向学之士坚守三尺书桌，以"甘愿坐穿冷板凳"的心境和"孤舟蓑笠翁"的姿态，深入青藏高原的沟沟壑壑，驰骋在广袤无际的知识海洋，为地方经济社会发展和相关学科领域研究默默地释放能量。特别是2015年全国党校工作会议以来，青海党校系统充分结合省情实际和自身特点，加强对国家和地区中长期发展问题的战略性研究，加强对重大现实问题和突出矛盾的对策性研究，加强党情政情社情信息反映和研究，在党的思想理论、生态文明建设、循环经济、民族宗教研究等方面取得了新成绩。为反映青海党校学者、学术、学科的特点和风采，营建厚德载物、薪火承传、不断精进、激励后学的学术家园，使研究成果更加系统化、科学化、体系化，我们从青海党校学者优秀学术论文、博士毕业论文和国家社科基金项目结项成果中撷取精华，集为《青海党校学者文库》，涵盖哲学、经济学、政治学、管理学、民族学等学科，着重凸显学术性，兼顾思想性与可读性，旨在为艰苦跋涉在学术研究和理论创新途中的青海党校学者提供一个展现价值和发出声音的平台，扩大青海党校系统在哲学社会科学研究领域的整体影响力。

"视而使之明，听而使之聪，思而使之正。"党校因党而立，党校学者只有坚持深化党的思想理论研究，才能不断巩固党对意识形态工作的领导、巩固马克思主义在意识形态领域的指导地位；只有营造格物致知的学术氛围和淡泊名利的学术取向，才能造就恢弘的思想气度和博大的学术气象；只有聚焦党和国家中心工作、党委政府重大决策部署和社会热点难点问题，才能有的放矢地产出有价值的学术成果。经过多年培养和积累，青海党校系统已经拥有了一支素质优良、专业过硬、作风扎实的师资队伍。着眼未来，为更好建设"一流红色学府、新型高端智库"，青海党校系统将一以贯之的继承优良传统，着力培养政治强、业务精、作风好的优秀教师，造就一批马克思主义理论大家，一批忠诚于马克思主义、在相关学科领域有影响的知名专家，以期成为青海培养和造就高素质党员领导干部的摇篮，成为青海哲学社会科学领域学术研究的前沿，成为推动学术成果向现实生产力转化的重要力量，成为青海精神、青海文化与外界传播沟通的桥梁纽带。

《青海党校学者文库》应运而生，大有可为。希望青海党校学者始终牢记习近平总书记的嘱托，秉承"实事求是"的校训，不忘初心，砥砺前行，传承党校人优秀的学术基因，努力创作出更多高质量、有影响力的优秀理论成果，为党校事业、党的事业发展作出更大贡献。

谨此为序。

中共青海省委常委
省委组织部部长
省委党校校长

目　录

第一章　"建"与"立"：理论的构建与回顾 …………… （1）
　　第一节　研究目的、意义及方法 …………………… （1）
　　第二节　有关族群理论学术史梳理及回顾 ………… （7）
　　第三节　有关洛西村一带研究回顾 ………………… （19）

第二章　深林中的香巴拉：田野点概述 ……………… （34）
　　第一节　多元视阈下的洛西村地理位置 …………… （34）
　　第二节　源与流：历史的场景 ……………………… （50）
　　第三节　生活与习俗：抹不去的集体记忆 ………… （71）

第三章　仪式容量：族群认同的文化表征 …………… （80）
　　第一节　从里到外：空间上的转移 ………………… （80）
　　第二节　从地面到天界的"亡灵" ………………… （99）
　　第三节　节庆：永久的祈福 ………………………… （119）

第四章　仪式的隐喻：构建族群认同 ………………… （133）
　　第一节　仪式与族源认同 …………………………… （133）
　　第二节　仪式与文化认同 …………………………… （143）
　　第三节　仪式与地缘认同 …………………………… （152）

第五章　结论：认同的张力 …………………………………（156）

附录一　山神颂词 …………………………………………（158）

附录二　家庭结构示意图 …………………………………（164）

参考文献 ……………………………………………………（170）

后记 …………………………………………………………（176）

第一章 "建"与"立":理论的构建与回顾

第一节 研究目的、意义及方法

一 研究目的

本书的选题得从一个故事说起。2012年一次偶然的机会[①],笔者有幸接触到了彝族毕摩[②]和纳西东巴[③]有关历史文献。此时,只是为了与藏族原始苯教相比较,并寻找文化交流和涵化的文化发展轨迹,从而满足自己的好奇感。时隔一年,笔者再次去丽江,亲身体验了纳西族东巴教和东巴文的独特和神奇,印象极为深刻。福国寺、玉龙雪山、大研古城、甲骨文式的东巴文字,至今历历在目。在攻读博士期间,笔者的导师再次启发和鼓励让我去研究金沙江流域的藏族社区,于是,2013年12月底,前往丽江接触了几位纳西族专家,并通过他们的介绍,使我对玉龙纳西族自治县境内的藏族村落分布状况有了初步的了解。2014年年底笔者独自

---

① 2012年12月底笔者赴丽江、大理等地进行了为期十五天的考察。
② 毕摩是彝族的宗教人士,多数学者认为毕摩是藏语中的苯博(藏语为bon－po)的谐音。
③ 东巴是纳西族东巴教的宗教人士,藏语中"ston－pa"的谐音。由于长期受到吐蕃苯教文化的影响,逐渐形成了祖师丁巴什罗(藏语中的ston－pa－gshen－rab)为命名的东巴教。

带着好奇、疑问、顾虑与忐忑不安的心情正式前往田野点调研。先后几次的来来往往，使本人与金沙江流域藏族社区结下了不解之缘。

有意或无意地踏上了纳西族与藏族文化交流的研究之舟，对我来说既是学术之路的挑战，又是极大的机遇，也在其研究过程中定然会面临很多困难。事已至此，我只能面对所有的困难，坚强地继续下去。首先，我搜集了大量的纳西族文献资料、藏文文献资料以及汉文文献资料，尽可能多地去了解丽江市玉龙县境内藏族社区的历史及文化，最终确定丽江市玉龙纳西族自治县塔城乡洛西村为本书的田野调查点。

洛西村是典型的藏族村落，但他们除平时操藏语方言[①]以外，还操纳西族语言[②]和勒巴语言[③]、傈僳语言以及普米语言等。从历史文献看，早期的洛西村一带是纳西族主要聚居区域。从680年开始，大量的吐蕃民众的迁徙到此地，对洛西村一带主体民族的纳西族文化受到占政治优势的吐蕃文化的侵扰和打压，导致文化实力相当的两个民族在相互对抗和融合中猛然唤醒了各自的族群意识。随之，矛盾的日益加剧，导致纳西族文化的尊严危机。因此，纳西族群体和文化逐渐被边缘化。

纳西族群体无法容忍吐蕃的长期侵扰，族群意识极强的个体或者群体在不同年代里，痛苦地选择了背井离乡，重新寻觅独立的生活环境并建构文化尊严。随后，现在的丽江坝成为他们最后

[①] 洛西村的藏语方言虽属于香格里拉一带的康方言，但跟香格里拉方言既有区别，也有共同点。据当地人介绍，本地的方言跟四川省甘孜藏族自治州的荣县藏语方言相同。

[②] 纳西语是属于汉藏语系藏缅语族彝语支的一种独立语言。与藏语和彝语、傈僳语有许多共同点。纳西语分为东部方言区和西部方言区。东部方言区为金沙江以东，以云南宁蒗县的永宁坝为代表，包括四川盐源县和木里县、盐边县等，共有四万多人。西部方言区为金沙江以西，以丽江坝为代表，包括丽江县和中甸县、维西县等地，共有25万人口。

[③] 勒巴，是白族的自称；洛固藏族把白族统称为"勒巴"。

的栖息地，并把文化中心转移到丽江坝一带。从此，形成了以塔城为中心的藏族文化区和以丽江坝为中心的纳西族文化区，这种文化区的对峙不仅对各自文化区域内"文化休养"产生了深刻的影响，同时也促进了相对封闭的文化空间中"个性文化"的萌芽。虽然"个性文化"强化和明确了各族群界限，但对保留各族群的独特文化起到了重要作用。

南诏国国王异牟寻与唐朝结盟反击吐蕃的一次战役，使洛西村一带政权归属发生了结构性变化，但文化中心与边缘问题上仍然失去平衡。然而，南诏国的衰亡、吐蕃失守等内外因素造就了大理国的崛起，致使大量的白族涌入塔城周围，又一次与当地藏文化进行碰撞和融合。在几百年的文化冲突与融合中，逐渐形成了洛西藏族村落的独特文化，这不仅整合和强化了洛西藏族村落族群之间的认同感，也对洛西藏族村落文化的传承和延续起到了不可磨灭的作用。

检视以上民族政治、经济、文化交流史，可以看出，洛西藏族村落复杂的地理环境和政治结构不仅塑造了洛西村一带地域性社会文化①，也对洛西社会地域文化空间的建构起到了重要的作用。尤其是自第三次民族主义兴起后，"族群认同"或"身份认同"成为人类学和社会学重要概念。在人类学研究领域中，"族群认同"意味着确定个体及群体身份角色及族群归属的合法性。在不同历史阶段、不同意识形态的影响下，个体对所属族群的认同，始终是族群凝聚力的深层表现。洛西藏族村落仪式文化符号区别于周围维西傈僳族县塔城镇藏族村落文化、周边的纳西族文化、白族文化以及傈僳族文化等。通常情况下，他们不是用"血缘"

---

① 朱炳祥：《继嗣与交换：地域社会的构成——对摩哈苴彝村的历史人类学分析》，《民族研究》2004 年第 6 期。

和"族源"的一致性来区分"我族"和"他族",而是用社区仪式符号来划分"我族"与"他族"的界限。

本书主要在对云南省丽江市玉龙纳西族自治县塔城乡洛西藏族村的历史和地理环境、习俗等进行系统描述的基础上,收集和整理各项仪式象征符号,揭示文化发展的客观规律,以亲属制度和族群认同等人类学理论,阐释仪式符号的深层含义,解释和分析社会结构在解构和重构中起到的作用。同时,理解和分析文化的实践人作为文化象征符号的实践者,在有意或无意中继承和发扬各种文化的内心需求,从而全面阐释仪式符号在身份认同、族群意识、族群整合,以及与周边族群的文化交流过程中呈现出的自觉和不自觉的意识形态,并从族群历史脉络中寻找文化发展轨迹。因此,笔者通过在对洛西藏族村落进行实地调研和村落仪式结构进行个案分析的基础上,探讨和归纳仪式与社会结构之间的内在联系,以及在建立和维持社会结构正常秩序上所起到的作用。以期对仪式文化象征下的藏族乡土社会结构有新的认识和理解,同时致力于在族群认同过程中出现的文化和谐共存模式和文化断层现象的研究。

二 研究意义

本书试图对金沙江流域一个藏族村落的多项仪式进行一次综合性研究。金沙江流域是个多民族杂居的特殊文化生态区域,致使形成了独特的多元民族文化。笔者在前人研究的基础上,全方位地搜集和整理与洛西村村民生活息息相关的各项仪式,并通过多视角解读,致力于弥补和解决洛西村文化中断现象。学术界虽视其为一个学术视角,阐释和分析社会和谐的文化功能,但笔者是首次从民族传统文化中的和谐观的视角进行分析和归纳的,并尝试理解塔城乡洛西村独特的文化认同和族群认同的形成过程。

第一章 "建"与"立":理论的构建与回顾

洛西村作为纳藏文化共存的多元文化"大熔炉"和一个典型的文化区域,对洛西村被仪式化的文化符号进行专题性研究,通过全面展示各项仪式的所有过程的方式方法,进行个案分析,从而吸引更多学者研究多民族杂居区的特殊文化现象和寻找文化交流的发展轨迹,并进一步解读多元文化及其价值。

金沙江流域历来是多民族杂居区,在地理上,位于金沙江流域的洛西村一带是唐、吐蕃、南诏等国长期发生拉锯战的必争之地。长期的边界战争所导致的文化冲突、摩擦和交融,使该地区族群边界变得非常模糊。在政治上,从南诏国(728—902年)至丽江木氏土司统治期间(1253—1723年),塔城一带夹杂在中央王朝和西藏地方政府之间,既与中央王朝有政治上的联系,又与西藏地方政府有宗教上的联系,这对洛西村地区多元文化的萌芽和成长创造了良好的土壤;在文化上,洛西村一带是藏传佛教、汉传佛教、苯教、道教、儒教等各种文化传播的边缘地区,因此,洛西藏族群体为了适应特殊的地方文化生态而吸收了纳西东巴教和傈僳族原始宗教等诸多文化元素,从而形成"你中有我,我中有你"的多元文化格局。同时,也是藏彝走廊和茶马古道的交通要道,这些独特的文化生态环境造就了错综复杂的文化融合现象。

丽江市玉龙县境内洛西村藏族文化具有一定的典型性。洛西村作为典型文化的载体,与整体的藏族文化相比既有个性,又有共性。若将该村所呈现的文化现象置于藏族整体文化系统中与周边民族文化相比较,既能寻找藏族文化中脱胎出来的文化变迁轨迹,又能梳理和总结民族文化涵化过程,从而便能厘清中国多元一体的形成历史。

中华人民共和国成立以后,中华民族特有的多元文化对中国特色社会主义民族大家庭带来了和谐稳定的政治文化局面,并对我国社会主义建设作出了巨大贡献。现阶段,已有学者把塔城一带作为丽江境内多元文化和谐共存的典型区域，探讨塔城境内寺院与社区之间的互动，并取得了相应的研究成果，也对政府职能部门管理当地寺院和藏族村落方面提出了建议。在此基础上，笔者以深入了解塔城乡洛西村原有的各项传统仪式作为主要的研究对象，以洛西村宗教信仰现状作为切入点，从整体上把握和梳理村民日常生活中仪式符号的深层含义，以及对亲属和族群认同的影响，继而阐释族群认同所强化的文化差异，对重新认识中国多元一体格局的重要性以及对仪式符号与族群认同之间的互动提供一个可靠有理的理论依据。

对于洛西村来说，仪式是特殊并与众不同的文化现象，既有浓厚的藏民族的文化特色，也有渗透周边主流民族文化的痕迹，这种大背景下形成的文化符号在某种层面上是亲属和族群认同的主要根源。本书将把此主题作为主要的线索，综合洛西村的每一项仪式符号，并对其进行全面的解读和分析。研究基本框架为：首先，在深入的田野调查过程中，运用参与观察、访谈等具体方法，整理和收集有关文献资料和口述传说，详细介绍洛西村的历史沿革和民俗现状，为研究洛西村的各项仪式做铺垫；其次，对村民的衣食住行中存在的各项仪式文化进行结构主义的分析，揭示仪式符号在亲属和族群中起到社会整合功能的深层含义；最后，总结各项仪式中呈现的文化现象，归纳和推理仪式对族群认同和文化交流，乃至对社会和谐共存所起到的重要作用及现实意义。

三 研究方法

理论研究方法上，本书运用文化人类学的方法，对西南民族杂居区的洛西村仪式象征符号进行综合分析，力图从理论上阐释和分析仪式文化的深层含义。

在具体方法上，宏观与微观相结合。宏观把握趋势，微观把握实际。同时运用定性与定量分析、历史与现实比较等相结合的研究方法。

同时，将参与观察与半结构性访谈相结合，深入田野点，参与村民在平日里举行的每一项仪式，并访谈和观察与此仪式有紧密关联的每一个细节，试图用当地人自身的文化阐释来解读当地文化的内在因素。在细致观察洛西村的仪式生活中，收集和整理跨度为一年的大型仪式文化现象，严格恪守"文化阐释文化"的原则。必要时，将特殊的仪式文化置于藏文化整体当中加以比较和分析。

查阅和分析相关文献资料。将藏汉文献中有关洛西村民俗记载与文化现状相结合，对其进行可靠有理的文化解读。查阅和分析汉藏两种文字写成的期刊、书籍以及档案等文献中的相关资料，对塔城一带的历史叙述和文化描写进行统一归纳，形成客观认识。

用系统分析和个性分析相结合的方法。在分析过程中，将洛西村文化置于当地文化大背景下加以比较和理解，并分析塔城乡洛西村的文化个性，将这一文化现象深置于本村特殊的文化社会背景及独特的自然生态环境背景之下加以认识和了解，以期得出可靠的研究成果。

第二节 有关族群理论学术史梳理及回顾

族群是人类成群结队的社会现象，也是个体或者群体的心理认同和情感依归的重要表现。在共同的传说和神话、历史、地域、语言以及风俗习惯等集体记忆推动下，逐渐形成了"我族"和"他族"的明显边界，其边界在某种程度上，强化了个体或群体的归属感。

一 国外学者对"族群"的界定

随着世界各国族群边界越来越明显,族群之间文化冲突也日益加剧。因此,"族群"成为人类学和社会学学科领域中的研究热点。

1922年,马克斯·韦伯(Max Weber)对"族群"下了定义。他将"族群"界定为"某种群体由于体质或文化的相似性,或者由于迁移中产生的共同记忆,而对他们共同的族源抱有主观的信念,这种信念对于非亲属社区关系的延续相当重要,这个群体就叫族群"[①]。他指出"由于外貌特征相似,或者习俗相似,或者两者都相似,或者由于对殖民和迁移的回忆,主观上相信共同的人种种源,这种信念对于共同体化的传播十分重要。倘若他们不是'氏族',我们想称之为'人种的'群体,不管在客观上有没有共同的血缘"[②]。其中认为族群是由共享某种信念而形成,这种信念主要是主观上有血缘关系或者由族源神话传说和习俗文化表述而产生的归属感,其界定首次打开了族群研究之门。

格拉兹和莫尼哈两位学者认为"族群是指一个较大的文化和社会体系中具有自身文化特质的一种群体。其中最显著的特质就是这一群体具有宗教、语言、习俗的特征以及其个体或祖先共有的体制、民族的、地理的起源"[③]。其观点虽然拓宽了族群的外延,但文化表征和心理情感的概念过于抽象,因此不容易理解。美国学者本尼迪克特·安德森先生则认为族群或者民族是一个"想象

[①] Max Weber, The Ethnic Group, In Parsons and Shilsetal (eds.), *The Ories of Society*, VoL. 1 Gleerol Illinois, The Free Press, 1961, p. 306.

[②] [德] 马克斯·韦伯:《经济和社会》(上卷),林荣远译,商务印书馆1998年版,第439页。

[③] Nathan Glazer & Daniel P. Moynihan, *Ethnicity-Theory and Experience*, Harvard University Press, 1975, p. 2.

的共同体"①。穆罕默德·哈达德先生把族群界定为"社会上所有具有独特的、因文化和血统而形成差异意识的群体。可以说,它是因体质或文化上的特点而与社会上其他群体区别开来的人们共同体"②。他从文化认同和血缘认同的角度把族群概念无限扩大化,这对"族群"研究者总结和提炼"族群"概念增加了难度。美国学者 M. G. 史密斯在《美国的民族集团和民族性——哈佛的观点》一文中探讨"族群"时指出"自己具有某个共同祖先的一些集体,他们还有某些独特的文化习俗,而且该集体之外的其他人一般都认为他们也是如此"③。同时总结了民族的所具有特征,分别是共同的归属感、共同的祖先、共同的文化特性,以及外人用上述指标来看待个体或群体等。这些概念和特征在一定程度上又简化了族群的定义。

1969 年弗里德里克·巴斯在《族群与边界》一文中提出了"一个归类方式是一个族群归属,即是由于个人的背景和渊源所决定的最基本的、最普遍的认同。在一定程度上,为了互动,成员们用族群认同去给她们自己和其他人分类,他们在此组织意识上构成了族群"④。此观点解释了族群通过自我和他者的认同来维持族际边界的现象。

1975 年美国西雅图华盛顿大学社会学教授赫克托在《内部殖民主义:1536—1966 年不列颠民族发展中的凯尔特边缘地区》一

---

① [美]本尼迪克特·安德森:《想象的共同体——民族主义的起源和散布》(增订版),吴叡人译,上海世纪出版集团 2011 年版。
② [科威特]穆罕默德·哈达德:《科威特市的民族群体和民族等级结构》,《民族译丛》1992 年第 5 期。
③ [美]M. G. 史密斯:《美国的民族集团和民族性——哈佛的观点》,《民族译丛》1983 年第 6 期。
④ [挪威]弗里德里克·巴斯:《族群与边界》,高崇译,《广西民族学院学报》1998 年第 2 期。

书中认为在多"族群"或者多"民族"组成的国家中，始终会存在发达核心区域和欠发达边远地区，进而出现"扩散"和"内部殖民主义"两种族群关系模式。

安东尼·史密斯认为族群具有悠久的历史文化和共同的族源神话。[①]《麦克米伦人类学辞典》对族群的界定："指一群人或是自成一部分或是从其他群体分离而成，他们与其他共存的或交往的群体具有不同的特征，这些区分的特征可以是语言的、种族的和文化的。族群这一概念包含着这些群体交互关系和认同的社会过程。"[②]此定义强调了族群的语言和种族、社会文化的特性。1997年出版的《美国大百科全书》对"族群"的定义是"通过共同文化以及常常在种族和特性上与其他群体相区别的任何人们共同体"[③]。认为族群是具有共同的文化特性和族源历史记忆的共同体。

综上所述，经过几十年的"族群"研究历程，学界对"族群"的界定同样众说纷纭，莫衷一是，但有关"族群"的概念始终波动在同一个中轴线上，即原生论，这一观点早已达成共识。

二 国内学者对"族群"的界定

从1919年五四运动开始，国内一些知识分子陆续出版了诸多民族理论研究巨著。如1934年出版的王桐龄的《中国民族史》和吕思勉的《中国民族史》，以及1939年商务印书馆出版的林惠祥编的《中国民族史》等。

随后，费孝通首次把我国各"民族"或者各"族群"的复杂

---

① [英]安东尼·史密斯：《民族主义——理论、意识形态、历史》，叶江译，上海人民出版社2006年版，第86—89页。
② 周大鸣：《论族群与族群关系》，《广西民族学院学报》（哲学社会科学版）2001年第1期。
③ Grolier In Corporated, *The Encyclopedia Americana*, International Edition, Vol. 10, 1997, p. 631.

关系归纳为"中华民族多元一体格局"①。此理论范式结合当时中国国情，总结了"多元一体"理论框架，这对国内民族理论研究产生了深刻的影响。但中华人民共和国成立后，我国人类学、民族学学科曾一度中断了与欧美各国学术界的联系。此后，国内人类学研究虽仍在进行，但没有实质性的进展。斯大林认为"族群"或者"民族""具有共同语言、共同地域、共同的经济生活、共同的心理素质四大特征"②。同时国内以"四个特征"为指导思路，组织大量专家，前往各省各地区调研"族群"分布和"族群"特有文化，并开始识别民族身份及实行民族区域自治制度，这对中国来说是个巨大的民族学理论实践过程。

20世纪80年代，改革开放也打开了中国学术的封闭之门，开始与西方学术界进行交流。但并未从根本上改变国内"族群"或者"民族"关系理论的研究状况。

吴泽霖在《人类学词典》中将"族群"界定为"一个和种族自己聚集而结合在一起的群体。这种结合的界限在其成员中是无意识的承认，而外界则认为他们是同一体。也可能是由于语言、种族或文化的特殊而被原来一向有交往或共处的人群所排挤而集居"③。可见，族群是具有共同地域和族源历史记忆、具有独特的

---

① 费孝通将"中华民族多元一体格局"理论范式总结出六大特点：1. 多元一体格局的核心是汉人，汉人在全国各地形成一个点线结合、东密西疏的网络，这个网络是多元一体格局的基本框架；2. 汉人主要以从事农耕为主，少数民族以从事畜牧业为主，两者之间是相互补充的经济类型；3. 汉语已逐渐成为共同的交流语言；4. 汉人的凝聚力主要来自汉人的农业经济文化；5. 在人口分布上，全国各民族之间存在大的悬殊；6. 中华民族实现"一体"是逐渐发展的过程，先要实现全国各地区的"初级的统一体"，同时，又形成北方牧业和南方农业的两大统一体，最后以汉人为核心的"大的统一体"。在共同抵抗西方大国的压力下，逐渐形成一个休戚与共的自觉的民族实体。（费孝通主编：《中华民族多元一体格局》，中央民族大学出版社1999年版，第31—36页。）
② 这是斯大林对"族群"或者"民族"的界定，也是我国学术界影响最大的"族群"定义，到21世纪初，逐渐失去了它的"权威"。
③ 吴泽霖：《人类学辞典》，上海辞书出版社1991年版，第302页。

文化而被其他群体认可或者被排挤的少数群体。

马戎在《民族社会学——社会学的族群关系研究》①和《民族社会学导论》②中划分了"民族"和"族群"的区分③，并总结了现代汉语语境下研究"民族"或"族群"关系的八个变量指标。④

纳日碧力戈认为"同一个族群的人毕竟拥有共识：同文同种，血脉相连，命运相关。族群可以获得某些自然特征，如语言、服饰、住房、饮食、宗教、体貌等，这些特征既可以同时发生作用，也可以单个发生作用；既可以是原生的，也可以是后来产生的，甚至可以是想象的、构建的、实用的"⑤。他再次强调了血缘关系和文化表征都能呈现出明显的族群界限的观点。

徐杰舜在《论族群与民族》中认为"所谓族群，是对某些社会文化要素认同而自觉为我的一种社会实体。这个概念有三层含义：一是对某些社会文化要素的认同；二是要对他者'自觉为我'；三是一个社会实体"⑥。强调了族群是一种独特文化而产生的自觉的归属感。

孙九霞在《论族群与族群认同》一文中，认为"在较大的社会体系中，由于客观上具有共同的渊源和文化，因此主观上自我认同并被其他群体所区分的一群人，即称为族群。其中共同的血

---

① 马戎：《民族社会学——社会学的族群关系研究》，北京大学出版社2004年版。
② 马戎：《民族社会学导论》，北京大学出版社2005年版。
③ 马戎认为，由于中国学者们的翻译失误，西方语境下的"族群"直译为中国语境下的"民族"，其实"民族"和"族群"有很大的区别。"民族"是政治实体，等同于国家，而"族群"则非政治性差异的群体。中国目前所说的"民族"是非政治性差异的亚群体。
④ 八个变量指标分别为：语言使用情况、宗教与生活习俗的差异、人口迁移、居住格局、交友情况、族群分层、族际通婚，以及族群意识。（马戎：《民族社会学——社会学的族群关系研究》，北京大学出版社2004年版，第219—227页。）
⑤ 纳日碧力戈：《现代背景下的族群构建》，云南教育出版社1999年版，第3页。
⑥ 徐杰舜：《论族群与民族》，《民族研究》2002年第1期。

缘是指世袭、血统、体质的相似；共同的文化指相似的语言、宗教、习俗等"①。其用客观的文化标准来划分边界，并强调族群是内部认同的群体或者亚群体。

兰林友认为"族群是相信共享共同的历史、文化或祖先的人们共同体"②。同时总结了族群的六大特征，分别为：共同的名称和共同的族源神话、共同的历史记忆、共同的文化特性、共同的地域以及团结感。

对于仅有几十年发展历程的国内族群理论研究来说，国内理论研究基础仍比较薄弱，且与西方研究方法不同，经过一定时间的发展、积淀和摸索，努力寻找到符合中国国情的族群理论范式。

三 族群认同研究回顾

（一）"族群认同"的界定

从词源学角度分析，"认同"一词于1600年出现在法语名词中，意为"同一性"。后来被学界广为运用。精神分析学派西格蒙德·弗洛伊德最先提出心理学上的"认同"一词。他认为"认同是个体与他人、群体或被模仿人物在感情上、心理上趋同的过程"③。在此基础上，美国心理学家埃里克森提出了著名的心理学"认同危机"概念。菲尼进一步发展和完善了埃里克森的"认同危机"理论范式，提出了个体认同发展的四个阶段。

在心理学"认同"研究的基础上，逐渐派生了"社会认同"研究。20世纪70年代，英国学者泰弗尔和特纳先后提出"社会认同"理论范式。早期他们主要研究种族歧视或者偏见等主题。

---

① 孙九霞：《论族群与族群认同》，《中山大学学报》1998年第2期。
② 兰林友：《论族群与族群认同理论》，《广西民族学院学报》（哲学社会科学版）2003年第3期。
③ 车文博：《弗洛伊德主义原理选辑》，辽宁人民出版社1988年版，第375页。

直到1980年特纳对泰弗尔的理论有所修正和完善，并提出了自我分类理论，认为想要全面理解人的社会活动行为，先要研究个体如何构建自己和他人的身份。人们往往会用某些群体的归属来建构身份，这就是个体对所属群体的认知和信念。

"族群认同"同样是"社会认同"研究的延续和发展。菲尼认为"族群认同或是一个动态的、多维的、涉及人的自我概念的结构，或是一个概念化的自我模式，这一模式可能被周围的环境接受或拒绝，它对个体是具有强制性的，或是包括个体的归属感、个体对群体的积极评价以及参与群体活动等组成的复杂的结构"[1]。族群认同既可以是标签化的，也可以是自愿的双重表现。

周大鸣在《多元与共融——族群研究的理论与实践》一书中则认为"任何族群离开文化都不能存在，族群认同总是通过一系列的文化要素表现出来，族群认同是以文化认同为基础的，因此这些文化要素基本上等同于族群构成中的客观因素"[2]。此观点强调了文化表征对族群认同的作用。

罗彩娟、梁莹在《族群认同理论研究述评》一文中提出"族群认同是在族群与族群的社会互动基础上形成的，单个族群不会产生族群认同，只有在族群内部同质性的基础上与他群的异质性产生文化上的互动，才能塑造出族群内部的认同"[3]。强调了两种族群文化之间的相互摩擦和互动而产生族群认同的观点。

"族群"可大可小，既可以是共享族源历史神话的群体，也可以是亚文化群体。"族群认同"同样可以是强制性的归属感，也可

---

[1] Phinny, Ethnic Identity, In A. E. Kazdin（eds.）, *Encyclopedia of Sychology*, Oxford University Press, 2000, pp. 254–259.
[2] 周大鸣：《多元与共融——族群研究的理论与实践》，商务印书馆2011年版，第30页。
[3] 罗彩娟、梁莹：《族群认同理论研究述评》，《广西师范学院学报》（哲学社会科学版）2014年第4期。

以是自愿而产生的归属感。经过几十年的族群认同研究的发展，族群认同基本上可以分为两个流派：一是原生论或者根基论；二是情境论或者工具论。原生论或者根基论指族群认同是天赋或文化因素等根基性的情感联系。① 原生论不强调生物遗传所造成的族群认同，它是一个族群所拥有的宗教、习俗、语言以及血缘等客观文化表征所赋予的情感依附。情境论或者工具论是指族群认同会随着情境或工具利益的变化而发生变化。

由于国内族群认同研究只有几十年的发展历程，但已取得丰硕的研究成果，在国内各位学者的共同努力下，最终探索出符合中国国情的研究道路。这对于中国国内族群理论研究来说是一个巨大的收获。

(二) 有关仪式与族群认同研究回顾

"仪式"一词作为学术性词语最早出现于19世纪。仪式是文化符号的重要表现形式，是一个"社会行为"。在早期的神话研究中总是附带着仪式研究，从而，仪式研究与神话之间确立了不解之缘。彭兆荣在《人类学仪式研究评述》一文中写道："比如泰勒就习惯地将仪式置于'神话'的范畴来看待，他将神话分为'物态神话'和'语态神话'两种：物态神话是基本的、原始的；语态神话是从属的、次生的。语态神话事实上乃是基于对物态神话的存在所作的解释，而'物态神话'实际上就是仪式。"② 在泰勒看来，早期的仪式研究总是与神话和宗教、巫术研究合为一体，与神话相关联的仪式是人用社会行为表现出来的动作。

仪式研究将仪式作为一个社会行为来分析，进而考察其在社会生活中的作用和功能。仪式既是人类社会组织的黏合剂，又是

---

① 周大鸣：《多元与共融——族群研究的理论与实践》，商务印书馆2011年版，第33页。
② 彭兆荣：《人类学仪式研究评述》，《民族研究》2002年第2期。

人类社会与宗教之间的桥梁，其主要功能是维系人类社会道德体系或者族群整合和强化族群凝聚力。

法国著名人类学家阿诺尔德·范热内普（1873—1957年）对仪式研究做了相当大的贡献，在一定程度上扩展了仪式研究领域。他在《过渡礼仪》[①]中将仪式作为一个"宗教实体"进行研究，并进一步归纳出了"分隔礼仪"—"边缘或阈限礼仪"—"聚合礼仪"的仪式三段论，这一理论也在民俗学领域中广为运用，并对民俗研究有深远的影响。英国曼彻斯特学派的维克多·特纳（1920—1983年）在《仪式过程——结构与反结构》[②]中集中讨论了恩丹布人的仪式"三段论"。他认为，围绕着仪式而展开的"分隔—阈限—聚合"三个阶段的礼仪过程是一个"结构—反结构—结构"的仪式共同体。

在特纳的另一部巨著《象征之林——恩登布人仪式散论》[③]中，特意关注了仪式过程中的象征符号，其认为恩丹布人的仪式象征符号除了指向许多本群体生活用品以外，还包括天气、打猎、农业、生育，还有亲属、感情、孝敬等方面的内容。

彭兆荣在《人类学仪式的理论与实践》[④]中探讨仪式与族群关系时指出，人们往往以纪念英雄祖先的仪式来强化某一群体的凝聚力，并认为仪式具有族群专属性质，只有在某些族群中才会有特定的仪式符号，因此这些仪式在所属的族群中才能发挥更多的功能和意义。[⑤]

[①] ［法］阿诺尔德·范热内普：《过渡礼仪》，商务印书馆2010年版。
[②] ［英］维克多·特纳：《仪式过程——结构与反结构》，中国人民大学出版社2006年版。
[③] ［英］维克多·特纳：《象征之林——恩登布人仪式散论》，商务印书馆2012年版。
[④] 彭兆荣：《人类学仪式的理论与实践》，民族出版社2007年版。
[⑤] 同上书，第108—109页。

（三）有关藏区族群认同研究回顾

目前，有关藏族族群认同的专题研究仅有几部书籍和几篇论文，现梳理如下：

李立的《寻找文化身份——一个嘉绒藏族村落的宗教民族志》[①]，讲述了以捕鱼和放生、占卜等文化表征来强化处于汉藏之间的嘉绒藏族文化身份现象。李菲在《嘉绒跳锅庄——墨尔多神山下的舞蹈、仪式与族群表述》[②]中将嘉绒藏族锅庄作为中心思想和研究视角，从嘉绒藏族跳锅庄的起源问题出发，解读其背后所蕴含的嘉绒藏族神圣世界图式，嘉绒跳锅庄独特的分类观念揭示了历史与现实中嘉绒族源与人群构成的复杂性，也揭示了嘉绒藏族认同表达的多层次性。

彝族学者巫达在《族群性与族群认同建构——四川尔苏人的民族志研究》[③]中介绍了凉山彝族自治州境内尔苏藏族的族源历史、地理环境、语言文字、宗教信仰、生活习惯、家庭婚姻，分析了尔苏藏族在日常生活中"番族"与"藏族"双重身份选择的族群认同建构。最后以尔苏藏族的个案，论证了建立在客观文化或族群内心情感基础上和建立在利益化的理性选择基础上的族群认同的共存性。另外在《尔苏语言文字与尔苏人的族群认同》[④]一文中，主要探讨了由于尔苏人中有使用沙巴图画文字和藏文两种亚群体，因此，两种亚群体在文化表征上出现了"藏族"和其

[①] 李立：《寻找文化身份——一个嘉绒藏族村落的宗教民族志》，云南大学出版社2007年版。

[②] 李菲：《嘉绒跳锅庄——墨尔多神山下的舞蹈、仪式与族群表述》，北京大学出版社2014年版。

[③] 巫达：《族群性与族群认同建构——四川尔苏人的民族志研究》，民族出版社2010年版。

[④] 巫达：《尔苏语言文字与尔苏人的族群认同》，《中央民族大学学报》（哲学社会科学版）2005年第5期。

他单一民族共享族群认同的现象。

索端智在《历史事实·社会记忆·族群认同——以青海黄南吾屯土族为个案的研究》[①]中指出从 1950 年以来，吾屯[②]藏人虽然被识别为"土族"，但近几年全村人却产生"藏族"的族群身份认同。

王蓓在《〈格萨尔王传〉与多康地区藏族族群认同》[③]中将《格萨尔王》作为论文的切入点分析多康藏族对自身集体记忆的历史表述，并通过这一文化现象探讨建构和维持族群认同的过程。

权新宇在《白马人的族群认同——基于地域、"沙嘎帽"与白鸡传说的思考》[④]一文中探讨了与白马藏人民间底层的社会记忆"白鸡传说"紧紧相连的"沙嘎帽"，其既是白马藏人的文化表征，又是白马藏人的族徽，同时成为白马藏人族群认同的元素之一。杨垚在《民间传说与甘肃文县白马人族群认同》[⑤]一文中认为，文县白马人是我国藏彝走廊中的一个独特的族群，他们的民间传说成为其最重要的"集体记忆"，这些祖先历史记忆强化了白马人的族群边界和认同。

杨静在《达曼人身份认同研究》[⑥]中主要探讨了位于西藏日喀则地区吉隆县境内的尼泊尔后裔达曼人，自 2003 年入籍我国以

---

① 索端智：《历史事实·社会记忆·族群认同——以青海黄南吾屯土族为个案的研究》，《青海民族学院学报》（社会科学版）2006 年第 1 期。
② 吾屯位于青海省黄南藏族自治州同仁县境内，离同仁县有十公里左右的距离。全村有 8000 多人。1950 年民族识别工作中村民被识别为"土族"后，身份证上统一印有"土族"两字。近几年，本村社会精英和僧人都普遍认为吾屯人是藏族，其中很多人把身份证上的"土族"改为"藏族"。
③ 王蓓：《〈格萨尔王传〉与多康地区藏族族群认同》，博士学位论文，中国社会科学院研究生院，2011 年。
④ 权新宇：《白马人的族群认同——基于地域、"沙嘎帽"与白鸡传说的思考》，《河北北方学院学报》（社会科学版）2011 年第 3 期。
⑤ 杨垚：《民间传说与甘肃文县白马人族群认同》，《甘肃高师学报》2011 年第 3 期。
⑥ 杨静：《达曼人身份认同研究》，硕士学位论文，广西民族大学，2013 年。

后，由于其特殊的历史和经历，他们既存在着"尼泊尔后裔达曼人"或者"藏族支系达曼人"认同的双重性，也存在着尼泊尔人或者中国公民认同的双重性。

可见，藏族地区族群认同研究偏向以藏族边缘地区少数群体为主体。他们特殊的历史和经历造就了其不同于其他藏区的特殊文化表述和历史记忆，这对他们的文化认同和身份认同产生了深刻的影响。

第三节 有关洛西村一带研究回顾

丽江市玉龙纳西族自治县塔城乡洛西村位于北纬27°29′4″—27°28′39″和东经99°27′42″—99°28′1″的云南省西北部，平均海拔为2400—2600米。洛西村不仅是纳西族、傈僳族、白族、普米族、彝族、藏族等多民族居住区域，也是拥有多种语言的文化区域。历史上，因该地区曾是唐和吐蕃、南诏等国的必争之地，所以藏汉文献中有关南诏与唐蕃之间的历史记载相对较多。

一 藏文文献中洛西村一带研究回顾

现有的藏文文献资料中记载有关金沙江流域的内容大多数为历史类文献。目前，最早记述有关丽江一带历史的藏文文献是敦煌古藏文文献。如："兔年冬……赞普前往姜域，攻陷姜域。……龙年冬……赞普卒于姜域。"[①] 上述文献中虽然只记载了藏王杜松芒布支卒于"姜"地区，但也能反映出从松赞干布时期，南诏国

---

① 原文为"yos – buvi – lo – la/... /dgun – btsan – po – vjang – yul – du – gsheks – ste/vjang – phb/par – lo – gcig/... /vbrug – gi – lo – la – bab – ste/... /dgun – btsan – pho – chb – srid – la – mya – la – gsheks – pa – las/dgung – du – gsheks"。（高瑞：《吐蕃古藏文文献诠释》（藏文），甘肃民族出版社2001年版，第76—77页。）文献中的兔年为703年，龙年为704年。

或"姜域"隶属于吐蕃政权。敦煌 I. O. 750 文卷中记载:"鸡年时,赞普驻于纳准宫殿,此时唐朝李尚书和蛮罗阁前来致礼。"① 直到 756 年,"猴年时……楚桑大臣和尚董赞、蛮阁罗凤三人攻陷嶲州。"② 以上都以边疆地区战争为主要内容。经过 114 年的经营和管理,最终在赤松德赞时期,由于南诏国民众族群意识的崛起和吐蕃王朝对周边族群管理政策不当等多种原因,794 年南诏国王异牟寻与唐朝结盟反攻吐蕃。从此吐蕃失去了这块宝地,同时切断了往东扩张的军事路线。不久,南诏王国也被大理段氏家族攻灭。

公元 10 世纪以后出现的一些藏文历史典籍中也有所记载。如:公元 12 世纪末弟吴贤者撰写的《弟吴宗教源流》③ 一本中提到龙年赞普卒于姜域。1388 年萨迦索南坚赞的《西藏王统记》④ 中写到藏王杜松芒布支执政二十九年后卒于姜域。1434 年大仓班觉所撰写的《汉藏史集》⑤ 中同样提到了杜松芒布支攻占姜域等周边地区,执政二十九年时,殂于姜域。1467 年巴俄祖拉陈瓦所撰写的《智者喜宴》⑥ 中记载杜松芒布支执政二十九年后,升天于"姜"地区。

---

① 原文以拉丁文转写"bya – kaki – lo – la/btsan – po – pho – brang – na – dron – na – bzhugs/btsan – yul – du – rkyvi – pho – nya/li – zhang – sho – dang – mya – la – gak – la – soks – pa – pyak – vtsld"。此文献中鸡年指的是 733 年。蛮罗阁为南诏第四代统治者皮罗阁(697—748 年)。

② 原文为"sprevu – lo – la/…/blon – ghri – bzang – dang – zhang – stong – btsan – dang/gak – la – bong – gsum – kyi – dmakis/se – cu – phb/"。上述文献中的嶲州即今凉山彝族自治州州府所在地西昌市。《资治通鉴》中也有同样的记载:"南诏乘乱陷越嶲会同军,据清溪关。"[周国林:《资治通鉴(注释本)》(第四册),长沙岳麓书社 2010 年版,第 697 页。]

③ 弟吴贤者:《弟吴宗教源流》(藏文),西藏藏文古籍出版社 2012 年版。

④ 萨迦索南坚赞:《西藏王统记》(藏文),民族出版社 1981 年版。

⑤ 边觉桑布:《汉藏史集》(藏文),四川民族出版社 1985 年版。

⑥ 巴俄祖拉陈瓦:《智者喜宴》(藏文),民族出版社 2006 年版。

近几年出版的藏文历史书籍，同样继承了以上藏文典籍的观点。周华的《藏族简史》①中提到704年赞普二十九岁时卒于蛮夷②地区。土登彭措教授撰写的《藏史纲要》③一书中提到藏王杜松芒布支时，703年前往姜地区，第二年卒于战争。《东噶藏学大辞典》④中介绍703年时姜地区发生骚乱，赞普亲自率兵前往姜域，虽然他们重新归顺，但赞普也卒于此地。《藏族历史年鉴》⑤中704年杜松芒布支卒于姜域。《西藏简明通史》⑥中提到703年藏王亲自率兵征服姜域。第二年，攻打云南姜域周边的"夷"。同年，卒于姜域。

另外，以上这些历史书籍中，还讲述了一段小故事。吐蕃赞普赤尊德赞娶南诏公主为妃，生有姜察拉本，因为他英俊潇洒，藏区没有一位姑娘可配他为妃，所以到大唐去提亲。但他在赛马时被摔而亡，公主在途中得知后，无奈之下嫁给了赤尊德赞。这虽然是吐蕃官员与南诏国王之间发生联姻关系的小故事，但也能反映出南诏辖区内的各族群与吐蕃之间的文化交流关系。

二 汉文文献中洛西村一带研究回顾

汉文文献中对这段历史有较多记载，对此最早的记载是在《旧唐书》中。为："自是阁罗凤北臣吐蕃。吐蕃令阁罗凤为赞普钟，号曰东帝，给以金印。"⑦南诏归顺吐蕃后，阁罗凤被封

---

① 周华：《藏族简史》（藏文），民族出版社1995年版。
② 方国瑜：《方国瑜纳西学论集》，民族出版社2008年版。
③ 土登彭措：《藏史纲要》（藏文），民族出版社2006年版。
④ 东噶洛桑赤列：《东噶藏学大辞典》（藏文），中国藏学出版社2002年版。
⑤ 才旦夏茸：《藏族历史年鉴》（藏文），青海民族出版社1982年版。
⑥ 恰白次旦平措、诺昌吴坚：《西藏简明通史》（上册），西藏古籍出版社1989年版。
⑦ （后晋）刘昫：《旧唐书》（列传第一百四十七南蛮西南蛮），中华书局1975年版，第3676页。

为"赞普钟"。此外,还有《新唐书》记载:"即自将数万踵后,昼夜行,大破吐蕃于神川,遂断铁桥,溺死以万计,俘其五王。"以上汉文献重点讲述当时唐与吐蕃、姜(南诏)之间发生的政治关系,但未记载唐、吐蕃、姜(南诏)之间的文化交流关系。

唐代樊绰在《蛮书》或者《云南志》①中以自己的见闻碎片式地描述了9世纪中期南诏国的风俗习惯。这对研究南诏国历史产生了深刻的影响。

李宗放在《四川古代民族史》②中同样基于《旧唐书》和《新唐书》文献记载,考证了728年盛逻皮统一六诏,建立统一的南诏国至902年舜化贞时被大理国所灭之间的历史,同时也以有限的资料来简单论述南诏国的风俗习惯。

纳西族学者方国瑜(1903—1983年)在《神川铁桥》③一文中用《新唐书》和《旧唐书》等早期的历史文献资料与本人的实地调研相结合,考证了吐蕃时期修建的铁桥的具体位置。

还有郭大烈在《唐代吐蕃的南下与南诏的崛起》④一文中梳理了吐蕃统治纳西在长达114年的历史中先后采取的政治措施。之后,分析和探讨了吐蕃南下的历史不仅加速了南诏国统一云南各地,而且促进了西南各地经济和文化的交流。在另一篇《试论历史上纳西族东巴教与藏族苯教的关系》⑤一文中作者认为,政治的亲密关系推动了两个民族之间的经济和文化交流。

总之,涉及吐蕃与南诏政治关系的汉藏历史文献虽然较多,

---

① (唐)樊绰:《云南志校释》,中国社会科学出版社1985年版。
② 李宗放:《四川古代民族史》,民族出版社2010年版。
③ 方国瑜:《方国瑜纳西学论集》,民族出版社2008年版。
④ 郭大烈:《郭大烈纳西学论集》,民族出版社2008年版。
⑤ 同上。

但记载内容如出一辙。除了在藏文和汉文早期历史书籍中所记载的内容以外,后期的著作中未能产生具有创新性的观点。基于以上文献记载可见,吐蕃统治南诏国的一个世纪内,统治阶级之间和睦相处给民间文化交流奠定了坚实的基础。

三 纳藏文化交流研究回顾

据藏文文献记载,元朝以前出现的"姜"指南诏国,而当代藏语语境中的"姜"指纳西族。自元朝以后,随着藏姜(南诏)之间文化的密切交流,文献记载逐渐增多,如藏族史诗格萨尔王《姜岭大战》[①]中以史诗的形式描述出姜与吐蕃间发生的盐矿之争等。

《历辈噶玛巴传记总略如意宝树》[②]和《水晶石——噶举教法史》[③]等书籍中记载1253年忽必烈南征云南大理时,得知噶玛拔希(1206—1283年)在康区和丽江一带的宗教影响,派人诏他于绒区色都地方会晤。随后噶玛拔希前往宁夏、甘肃、内蒙古等地传教。1256年准备返回西藏时,接到宪宗蒙哥的诏书,受到蒙哥和其弟阿里不哥的宠信。1259年忽必烈战胜阿里不哥取得了汗位,并下令将被封为阿里不哥上师的噶玛拔希逮捕入狱。出狱后噶玛拔希被流放到丽江一带,其间噶玛拔希在此地传播佛法。噶玛巴红帽系第二世卡觉旺布(1350—1405年)的弟子晋美边旦被木氏土司封为"帝师"。现有的藏文文献中则强调历代噶玛巴(黑帽系和红帽系)多次前往丽江一带传教并与木氏土司建立施主关系,但仍缺乏对文化交流以及文化涵化的详细记载。汉文文献

[①] 祁继先:《姜岭大战》(藏文),民族出版社2002年版。
[②] 噶玛哎顿旦杰:《历辈噶玛巴传记总略如意宝树》(藏文),手抄本。
[③] 丹求达哇:《水晶石——噶举教法史》(上、下册)(藏文),民族出版社2013年版。

中除记载纳西族与历代中央王朝之间的政治关系之外，尚未记载西藏地方政府与纳西族之间的关系。

近几年来，随着区域文化研究的不断拓展，纳西族与藏族研究成为藏学家和纳西学者的另一个研究视角，其研究内容包括政治、经济、宗教、语言、民俗、神话等，也取得了丰硕的研究成果。

1922年前往丽江一带的美国记者洛克[1]是其中之一。1924年洛克第一次在美国《国家地理》上发表《中国云南省腹地土著民族纳西人举行的驱病鬼经仪式》之后，开始编写《纳西语—英语百科辞典》一书，1947年又出版了《中国西南古纳西王国》[2]一书，成为外国纳西族研究的主要代表人物，西方称其为"纳西学之父"[3]。洛克在他的代表作《中国西南古纳西王国》中重点探讨纳西族的宗教信仰和习俗，他认为纳西族是羌人的一个分支，原从西藏东北部地区迁徙到此地，他们的宗教和习俗有很多"相同的地方"[4]，同时他认为东巴教是西藏苯教的一个分支。雅纳特总结洛克的观点时写道："在研究过程中，他断定纳西宗教是古代西

---

[1] 约瑟夫·弗朗西斯·洛克1884年出生于奥地利，后迁居于美国。如果没有洛克，有可能没有纳西学，这一说法一点都不过分，于是，他被称之为"纳西学之父"。最初（1922年）他以记者和植物学家的身份前往丽江，为美国《国家地理》社收集植物标本，他在那里亲身体验纳西族政治和宗教、祭祀文化等，认真研究纳西族文化，开创了一个新的学术之路。其间，获得了当地木里土司和摩梭土司等人的帮助，对他的研究创造了良好的平台。1924—1928年，三次前往甘肃拉卜楞寺和青海果洛（阿尼玛卿神山）、青海湖等地进行考察。1949年回到美国。洛克回到美国后，先后出版了《纳西语—英语百科辞典》和《中国西南古纳西王国》两部巨著，从此以后，纳西学受到欧洲学者的关注。1962年洛克去世于美国，享年78岁。

[2] [美]约瑟夫·洛克：《中国西南古纳西王国》，刘宗岳译，云南美术出版社1999年版。

[3] 杨福全、白庚胜：《国际东巴文化研究集粹》，云南民族出版社1993年版，第215页。

[4] [美]约瑟夫·洛克：《中国西南古纳西王国》，刘宗岳译，云南美术出版社1999年版，第115页。

藏苯教最早的一支，它只受了佛教些微的影响。"① 这些观点对国外纳西学研究产生了深刻的影响。

另外，洛克在《论纳西人的"那伽"崇拜仪式——兼谈纳西宗教的历史背景和文字》②中，把多年在实地调研中获得的当地传说和藏族文献相结合，证明了纳西族的"署"崇拜是藏族"鲁"（klu）崇拜的直接演化，从它的功能到祭祀仪式、文字形象都跟藏族"鲁"极为相同。同时论述了纳西族东巴教为何是藏族苯教的一个分支。美国学者杜凯鹤所撰写的《菩萨在云之南：司徒班钦在云南的活动及其艺术影响力》③一文中，作者将独特的研究视角和解读藏汉文献方法相结合，分析和探讨了公元18世纪中期仅次于第十世噶玛巴活佛的藏传佛教宗教人士司徒班钦在丽江一带的传教活动。他先后在1730年、1739年、1759年前往丽江，不断参与建寺④和认定纳西族活佛，在开光加持、僧侣剃度等方面做出重要贡献。司徒班钦先后三次前往丽江地区，与徒有虚名的丽江木氏土司⑤之间建立了良好的关系，同时在丽江知府和木氏土司的大力支持下，也将丽江一带的佛教绘画推向历史的新高。

朱文慧（藏语名为噶玛旦塔）将金沙江流域的塔城（内塔城和外塔城）一带作为个案研究的田野点，经过六个多月的田野调查，在《佛教寺院与农牧村落共生关系——中国西南藏族社区研究》⑥

---

① 杨福全、白庚胜：《国际东巴文化研究集粹》，云南民族出版社1993年版，第215页。
② 同上。
③ 白庚胜、和自兴、和良辉：《西方纳西学论集》，民族出版社2013年版。
④ 有人认为司徒班钦在1729—1733年的第一次访问丽江期间，在大理境内的鸡足山附近修建了一座小庙。1739年第二次前往丽江，在丽江知府管太爷的大力支持下，重新修建了文峰寺。
⑤ 1723年，清政府在中国西南很多地区施行"改土归流"之后，曾经名流天下的木氏土司被清朝降为通判，从此，木氏土司家族逐渐销声匿迹。
⑥ 朱文慧：《佛教寺院与农牧村落共生关系——中国西南藏族社区研究》，唐山出版社2002年版。

中，认为位于滇藏交界之金沙江流域的藏族村落属于藏族、汉族、纳西族、彝族等文化交融的地带，也是杂居者使用多语言文化的族群。因此，作者把维西傈僳族自治县塔城镇巴珠村和其宗村、中甸县五境乡霞珠村等藏族村落选为研究对象，关注村落中的语言文化和社会关系网络、亲属关系和婚姻关系，以及达摩祖师寺和来远寺中僧人阶层和村民举办宗教仪式的动机，僧俗双方的馈赠互惠关系等，最后探讨和分析了寺院与农牧村落之间的互动关系，同时，分析了来远寺对整个其宗和巴珠等周边藏族村落的影响，从而证实了社会意识形态创造和赋予了宗教的神圣性。

纳西族学者杨福全在《纳西族与藏族历史关系研究》[1]一书中未从纵向的历史朝代来研究纳藏关系，而是从横向来比对和探讨两个民族在政治、经济、宗教、文学艺术和民族融合上的关系。书中认为，四川西部和云南西北部历来是"牦牛羌"部落的活动区域，此地陆续发现的石棺葬同为藏族和纳西族族源的"牦牛羌"的葬俗，其中大量出土的绿松石等球状宝物，也是纳藏民族公众喜爱的宝物。[2]并用"羌"与"姜"[3]互通互用的多个研究视角来考证纳藏族源的一致性。之后用文献资料来考证从吐蕃攻打塔城

---

[1] 杨福全：《纳西族与藏族历史关系研究》，民族出版社2005年版。
[2] 同上书，第17—22页。
[3] 在现在的藏语语境中，"姜"特指纳西族，丽江一带藏族方言中纳西族被称为"仲"，其实"姜"和"仲"在藏语言文字中统一写为"ajang"或者"ajang－pa"。但各个地区由于不同的方言而出现了读音的区别之外，在藏文的基本结构上没有差别，"'塘'字是'姜'字的转变。羌、姜一从人，一从女，古代本为同一个字，大概因起于姜水而得名。姜姓之族，一支向东发展与中华民族融合，一支留居甘、青，便成为后来的羌族。东迁陕西一带的羌族，与后来进入中原的周族颇有关系"。（包寿南：《藏族族源考略》，《西北民族大学学报》1979年第1期。）杨福全同样认为"羌"和"姜"字是通用的这一观点需要进一步考证。尤其是他在书中写道："羌人在上古时期迁徙西藏，故后有'羌塘'等地的存在。羌即羌人的羌，塘在藏语中谓高寒草原，故羌塘即羌人居住的高原。"（杨福全：《纳西族与藏族历史关系研究》，民族出版社2005年版。）其实羌塘位于今西藏自治区那曲地区，现在的那曲地区下属的一个县都统称为羌塘。

一带设置铁桥节度到南诏国王异牟寻反蕃归唐、争盐之战,再到木氏土司管理藏族边疆地区的政治事务等历史事件,来说明纳藏间发生的政治关系。其中宗教文化是很有特点的交流内容,他从藏族苯教和纳西东巴文化的宇宙起源说、教义内容的二元性理论、神物和法器、各自宗教中的神山神地的认识以及仪式祭品等多个角度进行比较,考证纳藏民族在历史长河中的文化交流。此外,在《纳西族文化史论》①中,作者在上述研究基础上增加了木氏土司与格鲁派之间产生的间接关系,并以卫藏三大寺院中学习的拉然巴格西益希旺秋②等著名宗教人士为个案,说明藏传佛教对纳西族文化的影响。

赵心愚的《纳西族与藏族关系史》③一书将纳藏历史分为7世纪前(松赞干布执政以前)、7—13世纪、13—17世纪以及17—20世纪四个时期。以文化交流作为研究对象,较全面地分析和探讨了不同历史时期纳藏关系中最为活跃的政治和贸易、宗教、族源、文学、神话、习俗以及地域之间的关系。他从族源关系中被称为纳西族族源的"多弥"和送魂路线图、故事情节比较相近的猴族传说来论证两个民族之间的族源关系。7世纪掀开了吐蕃与纳西族正面接触的历史大门,从此以后,两个族群之间从最初的政治接触逐渐升级到语言、宗教、习俗等方面。尤其是藏王松赞干布时期攻打南诏国,并出现了洱河诸蛮归顺于吐蕃的政治局面。藏族原始宗教苯教也开始渗入纳西族核心文化中,也呈现了独特的纳西族文化。9世纪末到13世纪末两个族群之间虽然没有发生

---

① 杨福全:《纳西族文化史论》,云南大学出版社2006年版。
② 格西益希旺秋(dge - bzhes - ye - zhes - dbang - phyug,1928—1997),1928年出生于云南省丽江市永宁县一个普通的摩梭人家,15岁时前往西藏,并在色拉寺钻研五部大论和四部续密为主的佛学理论。于1988年获得拉然巴格西学位,其文集2002年由甘肃民族出版社出版发行。
③ 赵心愚:《纳西族与藏族关系史》,四川民族出版社2005年版。

政治和文化上的正面冲突，但由于第一世噶玛巴活佛噶玛拔希等宗教人士的传教活动，产生了藕断丝连的宗教关系，这为噶玛噶举派在丽江等地的传播和弘扬奠定了坚实的基础。藏族和纳西族在宗教上发生密切关系的时间是公元16世纪初期，几任木氏土司先后邀请了噶玛黑帽系和红帽系活佛到丽江，并在木氏土司的大力支持下，1623年刊印了共有108卷的丽江版《甘珠尔》等史实，这是两族之间文化交流的里程碑。1723年改土归流后，木氏土司的家族势力销声匿迹，从此，噶玛噶举派失去强大的政治后盾，在丽江地区的势力逐渐衰落，取而代之的是格鲁派，并建立了格鲁派多座寺庙。

《迪庆州民族文化保护传承与开发研究》[1] 一书以直观的描述大篇幅讲述了维西县塔城镇巴珠村和塔城村的一些民风民俗。作者从"巴珠"这个名称的由来开始，介绍了巴珠村的历史沿革、地理环境、生态文化、农牧业等经济贸易，以及日常生活中的食宿、葬礼、婚俗，还有一年中举行的大型节庆、村民集体活动、村民的家庭关系、亲属制度、宗教信仰以及"锅庄文化"等。另外，特意介绍了塔城村的箭友会。箭友会在当地被称为"布赛达达"[2]。"布赛"意为"年轻小伙"，"达达"意为"射箭时的朋友"。书中还认为射箭比赛活动不仅具有娱乐性和宗教神圣性的特点，而且还有增加青年男子间的感情的作用，它的起源与《格萨尔王传》有直接的联系。[3]

《纳西族史》[4] 一书相对而言比较全面，书中展开讲述了藏王

---

[1] 郭家骥、边明社：《迪庆州民族文化保护传承与开发研究》，云南人民出版社2012年版。
[2] 藏语为"bu‐gsar‐mda‐zla"。
[3] 郭家骥、边明社：《迪庆州民族文化保护传承与开发研究》，云南人民出版社2012年版，第277页。
[4] 郭大烈、和志武：《纳西族史》，四川民族出版社1994年版。

杜松芒布支的儿子姜察拉本①准备迎请金城公主的传说，同时描述了格萨尔王在"姜岭大战"中为了盐海而发生的长达九年之战的神话故事。从历史学的角度出发，书中讲到 7 世纪 60 年代的松赞干布执政时期，由于依靠强大的吐蕃军事力量，陆续向东扩张。直到 680 年，丽江及大理一带"西洱河诸蛮"皆附吐蕃。751 年，南诏国王阁罗凤归顺吐蕃，被封为赞普钟，并在金沙江边置神川都督府。789 年南诏国王异牟寻与剑南节度使韦皋联合，断其铁桥，大获全胜。在探讨纳藏之间的宗教关系时，书中讲到 1473 年木氏土司木嵌（1442—1484 年）因敬仰噶玛噶举派黑帽系第七世却扎加措（1454—1506 年）而送了一份礼物。1516 年木定土司（1508—1526 年）邀请第八世弥觉多吉（1507—1554 年）到丽江。尔后，第九世旺秀多杰（1556—1602 年）和第十世却央多杰（1604—1674 年）等先后莅临丽江，弘传佛法。同时讲述了噶玛噶举派红帽系第二世活佛卡觉旺布（1350—1405 年）和第六世活佛却吉旺秀（1584—1635 年）与木氏土司之间的关系。最后本书介绍了清代时期，由于藏传佛教的大量传入，丽江一带先后出现了七大喇嘛寺②和纳西本民族的活佛转世系统。《原始巫文化的相似性、互渗性与纳西族东巴教的特点》③一文认为，纳西族早期氏族宗教与藏族苯教紧密结合，直接产生了纳西族东巴教。由于受到藏传佛教和佛化苯教的双重影响，使东巴教发生了较大的变化。另，《论纳西族东巴教与藏族苯教的关系》④一文认为，纳西地区能传入苯教可能有两种原因：一是吐蕃攻打南诏时士兵中有很多

---

① 藏语为"vjang - tsha - lha - dbon"。
② 丽江藏传佛教七大寺院分别为：1. 福国寺（1601 年建）；2. 玉峰寺（1700 年建）；3. 指云寺（1727 年建）；4. 文峰寺（1733 年建）；5. 普济寺（1771 年建）；6. 兴化寺（1701 年建）；7. 灵照寺（1744 年建）。
③ 《郭大烈纳西学论集》，民族出版社 2008 年版。
④ 同上。

苯教徒，在他们的传播下苯教开始遍布丽江一带；二是赤松德赞时期被流放的部分苯教徒很有可能逃到现在的川滇纳西族居住区。①

和志武（1930—1994 年）先生的《纳西族的社会历史与东巴教的形成发展》②和《略论纳西族的东巴教和东巴文化》③两篇文章主要探讨了藏族苯教和藏传佛教对纳西族东巴教的影响。另一篇《藏文化对纳西文化的影响》④一文讲述了从 680 年到 794 年的 114 年间，丽江一带直接受到吐蕃政权的统治和管理，因此，对纳西文化的影响是多方面的。主要表现有：类似于藏族的纳西族的神话传说和东巴文的藏文借字、东巴经书中有很多描述有关藏族社会生活的内容、反映藏族社会生活的纳西族口头民间文学，还有东巴画、纳西绘画、纳西音乐等。

林向萧先生的《"东巴教本是苯教的一支"辨》⑤一文中，作者以东巴教祖师和苯教祖师的出生和生平事迹、年代等维度来分析和探讨丁巴什罗和顿巴辛饶不是同一人的观点。而《从东巴经中的藏语借词看藏族宗教对东巴教的影响》⑥一文认为，在东巴教经书中能找出大量的藏语宗教术语，这些宗教术语无疑是藏族苯教和藏传佛教与纳西族氏族宗教相互关系的重要表现。

白庚胜的《东巴神话研究》⑦一书中，主要比较了东巴神话

---

① 此观点源于洛克，洛克认为："苯教后来被迫向佛教妥协，但即使是这样，它也不被允许存留于它的起源之地，而是被放逐出西藏。放逐苯教徒的命令是由 740—786 年在位的藏王赤松德赞下令的。这一历史事实可能是纳西和摩梭人成为苯教信徒的原因。"（杨福全、白庚胜：《国际东巴文化研究集粹》，云南民族出版社 1993 年版，第 50 页。）此观点中作者也把东巴教和苯教说成同一种宗教。
② 《和志武纳西学论集》，民族出版社 2008 年版。
③ 同上。
④ 同上。
⑤ 郭大烈、杨世光：《东巴文化论》，云南人民出版社 1991 年版。
⑥ 同上。
⑦ 白庚胜：《东巴神话研究》，社会科学文献出版社 1999 年版。

中充当战神和保护神的优麻与藏族苯教中的威尔玛（ber-ma）、东巴神话中的金头白猴与源于印度文化但在藏族文化中广为流传的神猴哈努曼（sbreau-ha-nu-man-tha）、东巴教祖师丁巴什罗与藏族苯教祖师顿巴辛饶[①]、东巴教男性董神与藏文化中的梵天（thangs-ba）、东巴教文化中的"署"与印度文化中的那伽或藏文化中统称的"鲁"（klu）以及东巴文化中的休曲与藏文化中的大鹏（khyung-chen）等。从各自的起源传说、形象和功能来分析二者极为相似，因此，作者断定纳西族民间流行的以上神灵都是藏传佛教神灵系统的翻版。最后，作者认为苯教对东巴神话不仅起到了补充作用，而且提升了东巴神话的思想内容，完善了东巴神话神灵系统，也让东巴神话艺术走向成熟。

郭志合在《纳西族与藏族民族信仰和谐共生关系研究——以南溪村和汝柯村田野调查为例》[②]一文中以纳西族东巴教信仰为主要研究对象，探讨了藏传佛教和苯教在纳西地区的传播，并与东巴教融合且和谐共存，作者将历史文献资料和田野资料相结合，分析了藏传佛教和苯教与东巴教之间相互摩擦和融合的文化涵化过程。

和淇在《塔城来远寺、达摩寺社区藏传佛教信仰比较研究》[③]一文中对来远寺和达摩寺两个社区内的藏族、纳西族、傈僳族僧

[①] 由于东巴教受到苯教的影响，东巴教师祖丁巴什罗与苯教师祖顿巴辛饶之间也有一定的对应关系。丁巴什罗与顿巴辛饶的相似性主要有以下几点：1. 在名称上，他们之间具有比较整齐的对应关系，丁巴什罗是顿巴辛饶之转音；2. 在形象上，对两人的描写基本一致。3. 在诞生形式上，他们都生于母亲之肋下。4. 在事迹上，两个都有十二业绩。5. 在斗魔上，顿巴辛饶和丁巴什罗两人分别与一个叫读若乔巴拉让的恶魔发生斗争，结果征服了它。（白庚胜：《东巴神话研究》，社会科学文献出版社1999年版，第329—336页。）

[②] 郭志合：《纳西族与藏族民族信仰和谐共生关系研究——以南溪村和汝柯村田野调查为例》，硕士学位论文，西藏民族学院，2012年。

[③] 和淇：《塔城来远寺、达摩寺社区藏传佛教信仰比较研究》，硕士学位论文，云南大学，2011年。

俗信众的信仰异同做了数据分析,并从活佛、僧人、民众几个层面加以考察,对信仰异同的原因进行了分析。

王磊在《丽江塔城洛西村东巴教与藏传佛教的文化交融与变迁研究》[①]和《纳西族与藏族文化和谐交融现象分析——以丽江塔城乡洛西村为例》[②]中以塔城洛西村为个案,以达来寺高僧学佛的经历与宗教活动为切入点,分析了纳西与藏文化相互交融的原因、价值及其意义。

综上所述,以现有的研究队伍来说,纳西族学者更加关心藏文化与纳西文化之间的关系,相反,藏族学者几乎对纳藏关系漠不关心。从研究内容来说,由于20世纪初,洛克研究纳西文化时,第一次把东巴教说成是藏族苯教分支或者完全是"苯教",此观点对国际学术界产生了深刻的影响。纳西学者为了澄清洛克的观点,往往从苯教和藏传佛教与东巴教作为切入点,全力论证东巴教只是受到苯教和藏传佛教的影响,并非苯教分支的观点。在研究过程中,由于纳西族学者普遍欠缺藏传佛教和苯教有关的理论知识而出现了一些失误,但这些成果仍然给纳藏关系研究创造了前所未有的平台。在丽江藏传佛教研究中,除几世噶玛巴与木氏土司的关系,以及噶玛巴在丽江一带弘法建寺的业绩和影响的研究以外,关注和研究司徒班钦对丽江一带影响的普遍较少。从关系研究来说,现有的纳藏关系研究成果几乎都对纳西族与藏族文化进行系统性的整体比较,而将某个民族杂居区的多元文化或者各族群的特殊文化作为研究对象,进行比较和分析文化涵化的发展轨迹,进而寻找文化共性的专题性研究成果却普遍欠缺。故

---

① 王磊:《丽江塔城洛西村东巴教与藏传佛教的文化交融与变迁研究》,硕士学位论文,云南大学,2010年。
② 王磊:《纳西族与藏族文化和谐交融现象分析——以丽江塔城乡洛西村为例》,《昆明理工大学学报》(社会科学版)2010年第2期。

笔者选择民族杂居区的塔城乡洛西村，并把其文化分别置于藏族和纳西族文化当中进行比较和分析，通过个案研究，探讨历史大背景下藏族与纳西族文化之间产生的摩擦和融合，从中总结和归纳以塔城乡洛西村为代表的金沙江流域藏族文化所具有的文化特殊性和文化整合力。

第二章 深林中的香巴拉：田野点概述

洛西村位于玉龙纳西族自治县西北方。因特殊的地理位置，长期与纳西族、傈僳族、白族、彝族以及普米族等其他族群交流，逐渐形成了洛西村独特的文化，是金沙江流域的多民族杂居区域。在地理上，今洛西村一带是历史上唐、吐蕃、南诏等国长期发生拉锯战的必争之地。长期的边界战争所导致的文化冲突、摩擦和交融，使该地区族群边界变得非常模糊。在政治上，从南诏国（728—902年）至丽江木氏土司（1253—1723年）统治期间，洛西村一带夹杂在中央王朝和西藏地方政府之间，既与中央王朝有政治上的联系，又与西藏地方政府有宗教上的联系，这对洛西村地区多元文化的萌芽和成长创造了良好的土壤；在文化上，洛西村一带是藏传佛教、汉传佛教、苯教、道教、儒教等传播的边缘地区，为了适应特殊的地方文化生态还吸收纳西东巴教和傈僳族原始宗教等诸多文化元素，从而形成"你中有我，我中有你"的多元文化格局。同时，这里也是藏彝走廊和茶马古道的交通要道，这些独特的文化生态环境造就了当地错综复杂的文化融合现象。

第一节 多元视阈下的洛西村地理位置

丽江市玉龙纳西族自治县塔城乡洛西村的独特文化是在长期

的纳藏文化交流和茶马古道中频繁的民族迁徙下形成的，也是藏彝走廊中各族群之间文化融合的直接产物，洛西村的过去和未来始终演绎着潜在的特殊文化变迁。

一 纳藏文化关系中的洛西村

在宏观的纳藏文化交流史中，洛西村一带是藏族和纳西族文化在当地最早接触和融合的区域。自赞普松赞干布统一整个雅砻江流域藏族各部落，建立较为健全的吐蕃王朝后，为了获得更多资源，向周边民族进行强有力的军事侵扰。这种大规模边疆战争一方面促进了各个民族政治、经济、文化之间的交流；另一方面加速了族群与族群之间的同质化。在藏族历史上，"姜"在不同时期具有不同的意义。《纳西族史》中写道："绛[①]是藏族对纳西族的称呼，绛域即为纳西人地区，在滇西北一带，藏文经典皆言此地有一古国，名曰绛域。"[②] 此观点认为"姜"指"纳西族"，但仍有待考证。吐蕃王朝时期，今丽江和大理一带统称为"姜域"，没有一个特指的部落或者地域。敦煌古藏文文献也有相关的记载：

> 兔年冬，赞普前往姜域，攻陷姜域。……龙年冬……赞普卒于姜域。[③]

以上事件分别发生于南诏国政权时期的703年和704年。此时"姜域"只指"南诏国"。敦煌藏文I.O.750文卷中又记载：

[①] "绛"和"姜"统一指为藏语的"ajang"字。——笔者注
[②] 郭大烈、和志武：《纳西族史》，四川民族出版社1994年版，第122页。
[③] 高瑞：《吐蕃古藏文文献诠释》（藏文），甘肃民族出版社2001年版，第76—77页。

> 兔年夏，赞普驻于岭之奥夏地，唐使者甘卿前来致礼。多麦冬盟举行于岳之吉宝地。母后驻于囊坡秃米地。杀柯曲落赞。冬，赞普前往姜域，攻陷之。是一年。①

显然，"姜"在古代藏语语境中指南诏国。但南诏国和大理国，以及1253年新崛起的丽江木氏土司政权等相继更替，藏语中"姜"的指意也在不断地发生变化，早期即为"南诏国"。随之，萨迦政权后期，藏族宗教界人士与丽江一带官员频繁接触，使"姜"特指为纳西族所建立的木氏土司政权及管辖区。

图2-1 铁桥遗址

纳藏文化交流由来已久。在680年至794年吐蕃统治南诏国的历史中，吐蕃在680年设置神川都督府等边境管理机构、先后派兵镇压南诏民众的反叛等举措，吐蕃边疆驻军人数不断增加，促进了边疆地区的文化融合和变迁。《西藏本教源流》描述藏王赤

---

① 王尧：《王尧藏学文集》（卷一），中国藏学出版社2012年版，第20页。

松德赞时期佛苯之争，苯教在失去藏区主流文化地位和王氏家族失宠时写道："羊同伟达、柯堆恰西坚、达罗恰如坚，以及苏巴白果坚四位和很多苯教师用变幻之术让野驴、老虎、豹子来驮运苯教经文，前往东方胡、姜、汉等地。"① 赤松德赞时期原本在藏区占主导地位的本土宗教——苯教，由于自身原因和印度佛教文化的排挤，不得不把活动区域转移到藏族边缘地区，致使苯教对周边民族尤其是纳西族和彝族的宗教文化产生了深远的影响。

美国"纳西学之父"洛克先生客观地阐述了纳西族东巴教是西藏苯教最早的一个分支。② 雅纳特在总结和评价洛克的纳西文化研究成果时写道："他（洛克）断定纳西宗教是古代西藏苯教的一支，只受了佛教些微的影响。"③ 受这些学者的影响，很多国外纳西学者都持有"东巴教是苯教的一个分支"的观点，而国内纳西族学者却一直在排斥和反驳这种观点，因此近几年研究纳西东巴教的成果中几乎都是以澄清这种观点为主要目的。863 年唐樊绰所撰写的《云南志》中记载：

> 磨些蛮，亦乌蛮种类也。铁桥上下及大婆、小婆、三探览、昆明等川，皆其所居之地也。土多牛羊，一家即有羊群。终身不洗手面，男女皆披羊皮，俗好饮酒歌舞。此等本袭破铁桥及昆明等诸城，凡虏获万户，尽分隶昆明左右及西爨故地。磨些蛮在施蛮外，与南诏为婚姻家，义与越析诏婚娅。④

---

① 夏察扎西坚赞：《西藏本教源流》（藏文），民族出版社 1987 年版，第 214 页。
② 杨福全、白庚胜：《国际东巴文化研究集粹》，云南人民出版社 1993 年版，第 49—52 页。
③ 白庚胜、和自兴、和良辉：《西方纳西学论集》，民族出版社 2013 年版，第 374 页。
④ （唐）樊绰：《云南志校释》，中国社会科学出版社 1985 年版，第 153—154 页。

以上资料中未提到东巴教或者跟"磨些"有关的原始宗教，这能说明东巴教形成于唐宋时期。① 其实吐蕃军队的东向扩张②和苯教徒被流放的年代与东巴教的形成有密切联系，但是很多纳西族学者为了将东巴教与苯教区别开来，从解构的研究视角对比苯教和东巴教的祖师、神祇、宗教人士等，认定东巴教不是西藏苯教的延续或者一个分支，证明东巴教只是受到苯教的影响，尤其认为这些影响都发生在东巴教教义形成以后。③ 尽管所有的纳西族学者都认为苯教影响东巴教，使东巴教发生了很多变化，但这些影响未能让跟纳西生活息息相关和能反映纳西文化的原始东巴教的本来面目发生根本性的变化，并未失去纳西族原始宗教特色。

吐蕃与南诏的第一次政治上的正面接触，促进和强化了吐蕃与纳西等周边民族文化之间的融合。这种文化的融合反过来对吐蕃政权在周边民族政权中的渗透与巩固起到了重要的作用。在历史的长河中，玉龙县洛西村一带是吐蕃、南诏、纳西等民族经常发生拉锯战的必争之地，各民族文化在洛西村一带常常正面接触，逐渐形成了"你中有我，我中有你"的文化格局，尤其是8世纪晚期开始，苯教徒的大量迁徙和16世纪早期噶玛噶举派在丽江的传播，致使丽江及洛西村一带的文化格局产生了结构性变化。

随着吐蕃攻陷南诏国，占政治主导地位的吐蕃文化在洛西村一带拔地而起，使纳西族成为拥有弱势文化的边缘群体。因此，多数人背井离乡陆续迁到今丽江等地，在洛西村一带继续生存的纳西族人在接受和排斥吐蕃文化的矛盾下，与吐蕃文化进行妥协，最终吸收诸多藏文化元素，形成了以藏文化为底蕴的多元纳西族

---

① 郭大烈、杨世光：《东巴文化论集》，云南人民出版社1985年版，第23页。
② 680年第一次进军攻陷南诏和703年再次攻陷其地，还有794年南诏国和唐联盟与反抗吐蕃的历史事件等。
③ 郭大烈、杨世光：《东巴文化论》，云南人民出版社1991年版，第80页。

第二章 深林中的香巴拉：田野点概述

文化。在政治和经济上吐蕃虽有控制权，但对于文化采取强行措施可能会适得其反，所以当时的吐蕃移民以自身文化的改变和施行"同化政策"等方式相结合，在边缘民族中继续推广苯教和其所附带的吐蕃文化，这一切促进了金沙江流域多元民族文化融合格局的形成。

1770年余庆远所撰写的《维西见闻纪》中描述了玉龙维西及周边藏族习俗：

> 古宗，即吐蕃旧民也。有二种，皆无姓氏，近城及其宗、喇普。明木氏屠未尽者，散处于么些之间。谓之么些古宗。古宗奔子栏、阿墩子者，谓之臭古宗。语言虽同，习俗性情迥别。么些古宗大致同么些，唯女子髻辫发百股，用五寸横木于顶挽而束之。耳环细小，与么些异。①

被称为古宗的当地藏族有两个部落：一个部落没有姓氏散居于磨些之间的"古宗"，也被称为"么些古宗"；另一个部落跟他们完全不同。该书描述今塔城一带纳西时又记载："西藏漠勒孤喇嘛主死，其徒卜降生于维西之其宗。乾隆八年②，喇嘛众乃持其旧器访之。至其宗之日，么些头人予名达机，甫七岁。……众喇嘛拥达机于达摩洞佛寺，远近么些闻之，千百成群，顶香皈拜，布施无算。留三日，去之西藏。"③ 在几百年的纳藏关系中，两族之间的文化在民族杂居区的今塔城和其宗等地相互重合和交融，逐渐形成了特有的洛西村多元文化模式。

---

① （清）余庆远：《维西见闻纪》，中华书局1985年版，第7页。
② 指1743年。——笔者注
③ （清）余庆远：《维西见闻纪》，中华书局1985年版，第12页。

案例 2.1

和国富（化名），纳西族，现年 79 岁。系玉龙纳西族自治县塔城乡洛西村二组人。据他老人家讲，益拉托久（藏文《格萨尔王传》中写为"gyu – lha – thog – akyur"）是家住丽江的纳西族英雄人物。有一天格萨尔王来到西康巴塘地区，特派几位勇将到盐井地带活捉益拉托久。因为，格萨尔想借助益拉托久的威武和勇猛来征服其他国家，这项艰巨的任务不得不依靠益拉托久的辅助来完成。当益拉托久走到一块围有白石头和黑石头的小型草坝时，两位勇将也恰好出现在这块草坝上，他们非常清楚，正面斗不过益拉托久，于是先去非常友好地邀请他过来一起喝酒。喝酒过程中，两人想尽一切办法把他灌醉，趁他没醒来就将其捆绑起来，并把他扶上马背，带到格萨尔王身旁。

他醒来时，格萨尔王便出现在他眼前，他很诧异。格萨尔王好言相劝，并恳求他去征服魔国。最终益拉托久答应了格萨尔王的请求，并很快征服魔国，帮格萨尔王实现了这个愿望。由于，格萨尔王不讲信用，他们之间发生了矛盾。格萨尔王同样也正面斗不过益拉托久，便只好逃遁。他逃到石鼓附近，益拉托久追赶上来用石头砸他，格萨尔王一躲，石头便砸在对面山崖上，并留下了很多被砸的大洞。格萨尔王继续逃到丽江拉市海边，变成一条小鱼，益拉托久看他变成小鱼后，用手连水带鱼吞到自己的肚子后坐在一边休息。没想到格萨尔王在益拉托久的肚子里说"咱俩和好吧？不然我用武器来砍断你的五脏六腑"。益拉托久无奈之下和解，从此俩人和睦相处，不久，益拉托久去世。

以上传说虽然是藏文《格萨尔王传》的翻版，但也能体现出藏族和纳西族在长期的文化交流中产生的文化涵化现象。在多民族杂居区域中，各民族依靠自身文化圈来调解人与自然、人与社会、人与人之间的各种"封闭"关系。随之，由于自然资源的匮乏，族群与族群之间建立经济基础上的最初"盟友"关系，此"盟友"可以通过政治权力来整合，但也可以解散，具有一定的不稳定性。因此，边缘地区比较活跃的藏族和纳西族两个族群在不同时期，被吐蕃强有力的政治权力整合。与政治权力结构下的强行政策相比，文化融合是民间的认可和融合，具有族群之间相互包容的附加功能。在纳藏关系的历史长河中，政治权力促进了文化的融合，反过来文化融合推进了族群与族群之间的正面接触，也对政治权力的巩固提供了保障，从而创造了"文化共融"的和谐现象。

二 藏彝走廊中的洛西村

"藏彝走廊"是人类学和地理学意义上的一个学术概念。费孝通在1978年9月全国政协会议上提道：

> 我们以康定为中心向东和向南大体上划出了一条走廊。把这条走廊中一向存在着的语言和历史上的疑难问题，一旦串起来，有点像下围棋，一子相连，全盘皆活。这条走廊正处在彝藏之间，沉积着许多现在还活着的历史遗留，应当是历史与语言学科的一个宝贵的园地。……如果联系到上述甘南、川西的一些近羌语和独龙语的民族集团来看，这条夹在藏彝之间的走廊，其南段可能一直绕到揸于和珞瑜。[①]

---

① 费孝通：《关于我国民族的识别问题》，《中国社会科学》1980年第1期。

仪式与族群认同

在1981年首届中国西南民族学会学术会议①和1982年5月在费孝通等著名学者的大力支持下，在云南昆明成立了中国西南民族研究学会六江流域民族综合科学考察队，并在雅砻江、金沙江、怒江、大渡河、岷江、澜沧江六条大江及其主要支流地区考察汉族、藏族、彝族、纳西族、白族、傈僳族、普米族、苗族、独龙族、基诺族、怒族、哈尼族、拉祜族、景颇族等民族的政治、经济、文化、社会、历史、宗教、习俗等民族文化。经过几个月的实地调查后，最终形成了《雅砻江上游考察报告》《雅砻江下游考察报告》《独龙族社会历史综合考察》《滇藏高原考察报告》等具有研究价值的考察报告，从此"藏彝走廊"的概念在学术界尘埃落定，并引起了广泛的关注，产生了深远的影响。

石硕先生在讲述"藏彝走廊"时写道："费孝通是在1978年、1981年和1982年有关民族问题的三次发言中逐步提出和完善'藏彝走廊'概念的。"② 之前比较零散的研究成果都置于被称为"藏彝走廊"的学术概念中，这样更加容易总结和归纳"藏彝走廊"区域文化的独特魅力。因此，"藏彝走廊"概念的形成对研究西南少数民族地区政治、经济、文化等方面起到了很大的推动作用。

"藏彝走廊"的地理范围包括青海省果洛、黄南、海南、玉树藏族自治州等部分地区；四川甘孜和阿坝藏族羌族自治州、凉山彝族自治州；绵阳、宜宾、攀枝花、雅安等地部分地区；云南丽江市、迪庆藏族自治州、怒江傈僳族自治州、大理白族自治州、贡山独龙族怒族自治县，以及楚雄彝族自治州等部分地区。其坐

---

① 1981年11月份在云南昆明召开。此次学术会议上，参会专家们建议应组织一次跨学科组成的民族综合考察队，对六江流域的少数民族进行深入的实地调查。

② 石硕：《藏彝走廊——历史与文化》，四川人民出版社2005年版，第15页。

标位置大概在东经97°—104°,东西宽约有750公里;北纬25°—34°,南北距离约有1200公里。[①] 而现代意义上的"藏彝走廊"的实际范围比较宽泛,也超出了费孝通先生最早提出的"康定为中心"的地理界限。"藏彝走廊"涵盖了青海东南地区和四川西南地区、云南南部大部分地区,既是历史形成的民族区域,又是蕴涵民族走廊独特风情的人文地理区域。[②]

自"藏彝走廊"概念广泛运用于学术界伊始,对六江流域文化的归纳和分析有了新的研究视角和方法,并从语言学的研究视角,系统性地解读藏语支和彝语支的分布状况,从而整体上弥补了该区域人文研究的缺憾。

"藏彝走廊"作为多民族杂居区域,各民族不仅以"大散居,小聚居"的交错杂居模式,还存活着操有藏语支、羌语支、彝语支、壮侗语族、苗瑶语族等20多种民族语言。由于"藏彝走廊"所处的地理环境比较复杂,各地区民族或族群在熟练使用自己的母语以外,还能熟练地使用三四种周边民族语言及汉语。刘辉强先生在研究"藏彝走廊"民族语言时写道:"有的居民还会讲三种以上的语言,即除了母语和周围通用的语言外,还会汉语或者其他语种。"[③] 这种现象是"藏彝走廊"所特有的文化现象。

吐蕃统治之前,其民族文化"屏障"中从未出现过统一政权,各族群在自己势力范围内以"半独立"的方式存在,这对各自语言和文化的使用与传承起到了重要作用。元朝完全统治"藏彝走廊"以后,各民族在经济和文化之间的频繁交流与接触,创造了相互之间词汇借用和转译语言的交流平台,但始终没有发生"语

[①] 石硕:《藏彝走廊——历史与文化》,四川人民出版社2005年版,第34页。
[②] 石硕:《藏彝走廊——文明起源与民族源流》,四川人民出版社2009年版,第6—19页。
[③] 转引自石硕《藏彝走廊——历史与文化》,四川人民出版社2005年版,第316页。

言整合的历史条件"①,仍然能够长期地保持着自己的母语,于是形成了特殊的"多元语言地带"。洛西村处于"藏彝走廊"腹心地带,同样具有"多元语言地带"之特色。由于当地民族通婚和贸易往来频繁,大大增加了各族间的正面接触,甚至促进了学习和使用周边其他民族语言的需求。

独特的地貌和自然气候也是"藏彝走廊"所具有的特点之一。由于"藏彝走廊"正处于青藏高原东部边缘地带,高山深谷和横断山系是基本的地貌特征。虽然"藏彝走廊"位于喜马拉雅山脉边缘的高原峡谷地带,但总的海拔在1000—3000米,离地球赤道近而气候相对温暖湿润,所以,该地带成为适合人类聚居的区域。然而,在特殊的高原峡谷地带,大部分地区的气候相对寒冷且降雨量少,气温垂直变化比较明显,有"松土茂林"的土质结构和自然环境。由于缺少大量平原等原因,此地不宜于经营规模化农耕业和规模化畜牧业。因此,不得不世代经营"半农半牧"的"小型园艺农业"②和游耕等生产模式。

"金沙江沿岸狭长的平坝水力充沛,气候湿热,居民以务农为生,周边的山区村落则因地势高耸崎岖,低温寒冷,必须仰赖牧业为主、种植杂粮为辅的生计。"③ 位于金沙江流域的洛西村环境和气候跟"藏彝走廊"其他周边地区极其相似。

"藏彝走廊"虽然范围之广、民族之多、习俗各样,但食用腊肉、烟熏肉、猪膘是共有的文化标志。金沙江中下游和岷江中下游、雅砻江下游、大渡河流域,以及怒江流域都普遍存在制作和

---

① 李星星:《李星星论藏彝走廊》,民族出版社2008年版,第50页。
② 小型园艺农业是指用较简单的农业技术和农业工具在小面积土地上耕作,其作物为主要的食物来源,有时还伴有捕猎和采摘野生植物作为生计方式的生活模式。
③ 朱文惠:《佛教寺院与农牧村落共生关系——中国西南藏族社区研究》,唐山出版社2002年版,第23页。

食用腊肉、烟熏肉、猪膘的传统习俗。虽然在制作技术和细节上各具特色，风味各异，但其文化内涵大体上基本一致，是各民族的爱好，也是祭祖先的供品和招待贵客的最好的食品，这些文化在藏彝走廊中存活了几千年[①]。火塘文化也是"藏彝走廊"峡谷中存在的文化现象之一。随着火塘文化的出现，产生了灶神，与它有关的祭祀，以及灶的禁忌等诸多附带文化。建筑同样是"藏彝走廊"峡谷大部分地区特殊的立体艺术。除了嘉绒藏族和羌族等一些族群的建筑为石碉和石砌房以外，其他均为木质材料建筑。洛西村处于"藏彝走廊"地带，其文化也充分体现出"腊肉制作"和"火塘"等特色。

三 茶马古道中的洛西村

南有"茶马古道"、北有"丝绸之路"，二者在中国经济文化对外交流中起到了重要的作用。1941年，中国著名历史学家方国瑜先生曾在《云南与印度缅甸之古代交通》一文中初次对古代西南商贸交通进行梳理，为研究茶马古道开启了第一个大门。1990年7月云南大学教授木霁弘和北京大学陈宝亚教师等六人组成一支考察队，从云南迪庆到昌都，再到四川康定等滇藏川地区进行为期100多天的徒步实地调查。最终于1992年出版了《滇藏川"大三角"文化探秘》一书，其中第一次明确提出了"茶马古道"的学术概念。随后，"茶马古道"引起了各个学科的广泛关注，尤其是在艺术界和旅游业的大力宣传下，"茶马古道"从一个冷门话题快速变为热门话题，迅速带动了旅游业的发展，换句话说，旅游业也是"茶马古道"学术概念的最大受益者。

在《茶马古道：文化线路的经典案例》中写道："茶马古道

---

① 李星星：《李星星论藏彝走廊》，民族出版社2008年版，第34页。

是一种古老而又具有延续性的文化传播方式，这一传播方式复杂而又立体：浅表的层次是商品贸易活动；较为深隐的层次是建筑及生活习惯的互渗；更深的层次是语言和宗教信仰的相互影响。茶马古道这一古老的传播方式，曾给它所经过的村落和城市带来过经济的繁荣和文化的互渗及交融。"①"茶马古道"作为中国西南滇、藏、川三角地带非政府组织商业贸易的"民间通道"，是各民族地区政治、经济、文化相互连接的重要纽带，甚至是各民族宗教、艺术、风俗习惯相互影响和融合的活态人文"博物馆"。它的两条主要路线分别是滇藏路和川藏路。滇藏路从云南普洱起，经大理、丽江、中甸、奔子栏、香格里拉、左贡、邦达、昌都、拉萨；川藏路是由雅安出发，经泸定、康定、巴塘、昌都，再到拉萨。

金沙江流域是"茶马古道"滇藏线路的重要通道，自从唐宋时期"茶马古道"形成以来，"茶马古道"在中国西南商贸交易中扮演了重要角色。与此同时，也对金沙江流域各民族文化交流和融合起到了重要作用。郭志合先生写道："茶马古道是一条人文精神的超越之路，不同民族的文化在茶马古道上广泛传播，促进了藏族同汉、纳西族等兄弟民族之间的经济和文化交流，增进了民族间的团结和友谊。"② "茶马古道"不止是经济学概念上的"茶"与"马"的相互交易和交通运输概念上的"窄道"，它"是一个文化传播纽带，它以马驮、人背为主要运输方式（当然也包括牛、骡、驴、骆驼等驮运），以运茶为主要目的，并伴随着马、骡、盐、酒、糖、皮毛、药材等商品交换和佛教、伊斯兰教、基

---

① 彭玉娟、尹雯：《茶马古道：文化线路的经典案例》，《云南社会科学》2012年第2期。

② 郭志合：《纳西族与藏族民族信仰和谐共生关系研究——以南溪村和汝柯村田野调查为例》，硕士学位论文，西藏民族学院，2012年，第15页。

督教、科学观念等精神交换。"①

民族走廊相同的地理环境和"茶马古道"的文化传播，使各族文化之间建立了相应的文化"血亲性"②。西藏原始宗教在丽江等地的传播也跟"茶马古道"的形成和兴盛有间接的关系。《论"茶马古道"的形成、发展及其历史地位》中写道："'茶马古道'是佛教传播途径之一。佛教的三大系在'茶马古道'上相交汇，佛教的各系又和传播地区的原始宗教相交汇，使这里的宗教文化多元化。比如，在丽江，既有自身的原始宗教——东巴教，还有汉传佛教、藏传佛教等多种宗教，使这里形成多教共存的状况。"③ 特别是在藏王赤松德赞和朗达玛时期分别对苯教和佛教进行毁灭性打击的历史事件中，借助马帮团队的强大力量，苯教和藏传佛教很快在"茶马古道"沿途传播。成群结队的马帮一般是由汉族、藏族、彝族、纳西族、哈尼族、布朗族、回族、拉祜族、基诺族等不同少数民族的40—50个年轻人组成。一个地区的窄道过于密集，西藏茶叶需求日益增加，马帮在沿途各地进出的次数更加频繁，因此马帮成员必须懂得沿途各少数民族的语言、习俗、宗教信仰等，这样才有利于商业的往来，从而促进了与其相关联的文化交往。马帮作为文化的载体，对沿途民族的农牧业文化发展和变迁具有一定的推动作用。④

然而，处于"茶马古道"滇藏线的普洱和拉萨两大城市并不是固定的起点和终点，有时候古道中的每一个驿站都可能成为起点和终点。在马帮驮运的茶叶总是不能如量到达目的地，会在沿

---

① 叶渔：《茶马古道：征服世界屋脊的文明通道——访北京大学陈保亚教授》，《世纪经济报道》2011年1月7日第24版。
② 木霁弘：《茶马古道上的民族文化》，云南民族出版社2004年版，第76—83页。
③ 木永顺：《论"茶马古道"的形成、发展及其历史地位》，《楚雄师范学院学报》2004年第4期。
④ 韩海华：《茶马古道——民族文化之路》，《茶叶》2008年第3期。

途各个驿站随意消耗。随着马帮团队的居住和茶叶销售的扩散，加速了该地文化的传播和融合。正如《永宁纳西族的阿注婚姻和母系家庭》一书中分析摩梭人阿注婚姻畸形发展的原因时写道：

> 自从永宁成为滇西同康藏交通的商道之后，不仅汉、藏、白等各族商人、马帮往来频繁，过往香客也络绎不绝。到20世纪40年代，几乎每天都有外地商人、马帮住宿永宁。纳西族不稳定的阿注婚姻，正适合这些人的流动性生活。他们以商品货币为媒介，广泛与纳西族妇女结交阿注。在外族商人、马帮的影响下，本民族内部赶马运输业也不断兴起，使一部分纳西族男子掌握了商品货币，他们同样把它作为结交阿注的手段，致使阿注婚姻受到了金钱的腐蚀。①

随着"茶马古道"的兴盛，多民族文化不断地相互碰撞和融合而形成的多元文化，是"茶马古道"所派生的特有文化融合现象，也是特定的民族文化相互重叠和涵化、以及周边民族文化相互交融的直接过程。

案例2.2

和国富（化名），纳西族，79岁。据他讲很久以前丁巴什罗和米拉二人斗法来争取传法区域。于是，俩人决定第二天早上同一时间爬贡达山，谁先爬到山顶为赢。米拉骑着阳光，直接到达山顶，而丁巴什罗骑着自己的手鼓比米拉慢了很多。米拉用手抓雪山上的白雪洒到远处，表示丁巴什罗在

---

① 詹承绪、王承权、李近春、刘龙初：《永宁纳西族的阿注婚姻和母系家庭》，上海世纪出版集团2006年版，第126页。

雪落地处传法。雪刚好落到丽江玉龙山。丁巴什罗就在其地广收徒弟，弘扬东巴教。

尽管"茶马古道"便于苯教在沿途大力传播，逐渐形成了以苯教为文化底蕴的各民族自己的宗教信仰[①]，致使沿途的各民族民情风俗、宗教语言、民居样式、生活习惯等趋向"一体化"，但各民族为了"进化"本土文化或迎合外来文化，在苯教、汉传佛教、道教等信仰中汲取适合本民族的文化元素，通过保留和改进来彰显自身文化的独特性。洛西藏族村落长期夹杂在纳西族和傈僳族之间发挥着自己文化所应有的功能，其间不得不汲取周边民族的文化元素来改变自身文化，以便与他民族进行经济、文化的交流。他们巧妙地把外来文化与本土文化相结合，同时以本民族文化背景和思维逻辑来解释这一切"混血"文化，这些都离不开"茶马古道"的传播和融合功能。

小结

从时间上来看，藏王松赞干布和杜松芒布支时期，南诏和纳西与藏族之间由于边疆战争而扩充的吐蕃军队在该地区屯垦戍边，进而与土著居民融合，加速了边疆地区的族群交流。各民族在突如其来的外来文化的外力作用下，既保留独特的自身文化，同时又汲取外来文化元素，最终形成了"你中有我、我中有你"的多元文化融合现象。

从空间上来看，"藏彝走廊"是多民族经济、文化、宗教、习

---

① 由于苯教产生于藏区，它对藏族生活的各个方面都留下了很深的烙印。经过苯教在周边民族的传播和渗透，彝族和白族、纳西族、普米族、傈僳族等民族文化受到了很大的影响，最终形成了以西藏苯教为文化底蕴的彝族毕摩信仰、白族本主信仰、纳西族东巴教等。

俗等相互融合的"文化屏障"。在这个"文化屏障"中各民族在广泛与周边民族交往的同时，努力打造自己文化的独特性。"藏彝走廊"中各族群文化之间的"自然接触"在比较温和的方式下，相互"推销"文化的价值及功能，使"他族"自愿接触和吸收自身所需要的文化元素，以满足自身生存和交流的需要。"藏彝走廊"中所出现的文化互动始终不是单向的"文化输出"，而是一种"双向"的文化交流模式。可见，"藏彝走廊"的"文化休养"空间，为各民族文化的融合和保留自身文化特色创造了客观条件。

"茶马古道"则是另一种各民族文化相互融合的多元人文民族走廊。它的产生加速了"藏彝走廊"中各民族文化的融合速度。"茶马古道"把各民族文化连成一条线，这条线的每一个节点既是一个文化传播的起点，又是一个终点。这个文化交流通道使"藏彝走廊"中出现了"十里不同音，五里不同俗"的文化景观。成群结队的马帮作为文化传播的重要载体，频繁地出没于不同地点，使地方文化在相互交流中派生出新的文化。

总而言之，洛西藏族村落历来是金沙江流域文化涵化和融合的典型多民族杂居区。由于洛西藏族村落是南诏与吐蕃、纳西族与西藏地方政府之间经常发生拉锯战的必争之地，又是"藏彝走廊"历史文化沉积带的腹心地段，也是"茶马古道"多元民族人文精神走廊的重要通道。这种"三重文化交融平台"大背景显示了，在区域文化内在的改进需求和外在的强力渗透的推动下，以洛西村为例的藏族边缘地区形成了独特的多元文化共存现象。

第二节　源与流：历史的场景

正所谓"一方水土养一方人"，有什么样的自然环境就会有与之相适应的、拥有特殊文化的族群。环境是族群特有文化生长的土壤。反过来，族群的特有文化是适应自然环境的结果。洛西村独特的地理环境和文化背景使洛西村藏族文化在塔城一带显得与众不同，洛西村藏族文化既具备浓厚的藏文化底蕴，又有着纳西族等周边民族文化的深刻烙印。对于由多民族组成的洛西村村民来说，洛西村的藏族是公元17世纪左右迁居的外来族群，他们通过自身的文化魅力与周边多民族建立文化上的血亲性，尤其是他们所信仰的止贡噶举作为其族群文化的"贮藏器"，向周边其他民族输入藏文化元素。

在丽江一带，洛西村是极其特殊的族群聚居地，由于村民的族源和与之而产生的族群文化具有独特性，他们想通过自身文化来打造一个旅游品牌，提高旅游所带来的这份"额外收入"，因此不得不适当去保护文化传承，但随着市场经济的快速发展，洛西村藏族社会生产方式发生了结构性变化，其变化对当地传统文化的解构和重构起到了前所未有的推动作用。

一 洛西村历史沿革

自680年起，吐蕃在金沙江流域今塔城一带设置"神川都督府"和"铁桥节度使"，开始与周边民族发生政治上的直接接触，这也是第一次用藏语命名边缘地区或文化交汇处的地名和行政机关名称。在《藏语中的"中甸"》中写道："神川是藏语萨赤的译音，即金沙江。故而藏族称丽江一地为萨当（意为金子坝）。"[1]作者把"神川"和"萨当"联系起来，并对"神川"一词进行了常识性解读。在《"神川"考》中，"吐蕃时期的'神川'并非指金沙江，而是指今云南省迪庆藏族自治州维西县之塔城乡"[2]。作

---

[1] 崔永华：《藏语中的"中甸"》，《迪庆方志》1992年第3期。
[2] 潘发生：《"神川"考》，《西藏研究》1993年第1期。

者把"神川"与"塔城"直接对应起来,是因为没有把"神川"一词与当地藏语发音相结合进行研究。其实"神川"一词在当地洛西村藏语中意为"金水","神"是藏语"gser"的转音,意为"金";"川"是藏语"chu"的转音,有"河"之意,全名为"gser – chu"的转音,特指金沙江。

图 2 – 2 金沙江

"三赕"是"神川"之后出现的今丽江地区的另一个藏语名称①,古时丽江有几种名称:通安州,或者丽江,或者三赕(三甸)。《元史·地理四》记载:"通安州,治在丽江之东,雪山之下。昔名三赕。仆繲蛮所居,其后么些蛮叶古年夺而有之,世隶

---

① 很多纳西族学者认为南诏时丽江一带被称为"三赕"。持有此观点的主要依据是樊绰在863年所撰写的《云南志》(或《蛮书》),载:"么些蛮,亦乌蛮种类也。铁桥上下及大婆、小婆、三探览、昆明等地川。"[(唐)樊绰、赵吕甫校释:《云南志校释》,中国社会科学出版社1985年版,第152页。]他们把《蛮书》中的"三探览"和"三赕"进行分析,认为"三探览"是"三赕"的最早的写法,甚至认为"三探览"和"三赕"都指丽江。但此观点有待考证。以上观点均是猜测,没有确凿的证据来论证此观点的合理性。

大理。"①《木氏宦谱》（甲）中同样记载："秋阳，唐初改昆明属嶲州，高宗上元中，为三甸总管，正妻称均习鼠。"②《元史》中的"三赕"和《木氏宦谱》（甲）中的"三甸"指的是同一个地名。洛克认为，"根据《嘉庆一统志表》，三赕这个名词是在宋朝（960—1126年）用于丽江，在元史（蒙古史）上说的纳西酋长麦良，又称阿麦被任为三赕管民官。在同一本著作上说，三赕是丽江的古代名称，并且说仆繲部落住在那里"③。从以上资料来看，被称为"三赕"的地名产生于吐蕃失守"神川"几百年以后。

然而，很多学者对"三甸"或"三赕"的地名研究，众说纷纭、莫衷一是。洛克认为："三赕是这个地方的统治者，因此以他为地方的名字，如前文所说，三赕的故事是纳西人带到丽江来的，这个名字后来才给这个地方作为地名。"④洛克把纳西族的"三多神"和"三赕"联系在一起，认为作为地名的"三赕"是"三多"神名的演化。据推理，"三赕"很有可能是梵文在藏语中的运用，实为"sa‑than"，具有"地区"之意。

显然，后来"三赕"的藏语名称被纳西语"丽江"一词所替代。洛克在《中国西南古纳西王国》（中）中写道："在唐朝时，当蒙氏征服这个区域的时候（794年），丽江曾称丽水，但丽江也是金沙江的名字，同时也称神川。一直到了元朝（1271年），这个区域的地名才改为丽江。"⑤丽江地区没有被忽必烈征服之前，

---

① （明）宋濂：《元史卷六十一志第十三》（地理四），中华书局1976年版，第1465页。
② 《木氏宦谱》（甲），《纳西族社会历史调查》（一），民族出版社2009年版，第81页。
③ ［美］洛克：《中国西南古纳西王国》（中），云南大学历史研究所民族组1977版（油印本），第3—164页。
④ 同上书，第3—29页。
⑤ 同上书，第3—4页。

吐蕃政权及文化占优势,因此一直沿用"神川"地名,被忽必烈征服以后,为了管理丽江一带,设置"茶罕章管民官"和"丽江宣慰司"等中央直属机构,产生了丽江土司制度的雏形①,以至于纳西族的势力再次壮大,地名也由藏语的"神川"改为纳西语的"丽江"。

"塔城"一词并不是历来就有的,而是新中国成立以后才产生的新地名。洛克的《中国西南古纳西王国》(中)汉文版中写道:"其中最有趣的是塔城村,实际是下塔城和外塔城。纳西语称为曼塔城,也叫铁桥城。另外还有一个名称是柿子,因为村里长满柿子树。"② 在《丽江塔城洛西村东巴教与藏传佛教的文化交融与变迁研究》一文中认为:"塔城之名是吐蕃军队设置调塔而得名。"③ 这种观点主要是"塔城"本身的词意引起的,多数人认为"塔城"与"神川"或吐蕃军队有密切关联,其实不能从汉语的"塔城"一词来解读历史的来龙去脉。据他们介绍,"塔城"是藏语,与吐蕃军队没有丝毫联系。据欧色④老人讲:

> 历史上,玉龙县塔城也好,维西县塔城也罢,之前根本没有叫"塔城"的地名。只有在1958年人民公社成立以后,才

---

① 1252年忽必烈率蒙古军队,从甘肃临洮,经过西藏,攻打丽江。丽江归顺中央王朝后,在丽江设置茶罕章管民官。元朝建立后的1271年茶罕章管民官改成丽江宣慰司。1276年丽江宣慰司改为丽江路军民总管府。1285年废军民总管府,设立宣慰司。1382年,明王朝再次攻打大理等地。1383年,设丽江府,封阿甲阿得为丽江府知府,赐姓木氏。1397年丽江府改为丽江军民府。1723年丽江改土归流,木氏土司降为通判。(郭大烈、和志武:《纳西族史》,四川民族出版社1994年版,第254页。)

② [美]洛克:《中国西南古纳西王国》(中),云南大学历史研究所民族组1977版(油印本),第4—18页。

③ 王磊:《丽江塔城洛西村东巴教与藏传佛教的文化交融与变迁研究》,硕士学位论文,云南大学,2010年,第6页。

④ 欧色,女,藏族,现年70岁,是洛西村人。为了更好地保护报道人的隐私权,笔者按照人类学田野报告的惯例,将所有报道人姓名都匿名化。

把这一地区称为"塔城"。"塔城"其实是藏语,是"旗子"(藏语为 dar – cha) 的意思。

从当地藏语发音来看,"塔城"是藏语的"dar – cha",直译为"旗子"。当然"塔城"一词蕴含着"五星红旗"符号,1958年,为了表达该地区对党和国家的忠心,统称为"塔城"。

2011 年塔城乡政府为了开发洛西村一至六组的热巴舞等民族文化,把原来的洛西村(统称)改名为"十八寨沟"。在《丽江日报旅游周刊》中报道:"1 月 27 日,丽江市玉龙县塔城乡洛西村村民载歌载舞,欢庆洛西村更名,即日起洛西村正式更名为'十八寨沟'。"① 洛西村所在的峡谷中有 18 个自然村,在被称为洛固河的小溪两岸顺河而住,因此,统称为"十八寨沟",现在的乡政府文件中几乎都以"十八寨沟"的地名替代了原有的洛西村。

据洛西村村民介绍,他们是从维西傈僳族自治县巴珠村②迁过来的。因此,讲述洛西村的来龙去脉,不得不先谈巴珠村的历史。巴珠村位于云南省迪庆藏族自治州③维西傈僳族自治县④塔城镇,"巴珠"是藏语的"vba – bros"或者"vba – bro"的音译,对于

---

① 和世民:《丽江市玉龙县塔城乡洛西村更名为十八寨沟》,《丽江日报旅游周刊》2011 年 2 月 23 日。

② 巴珠村是维西塔城镇藏族聚居的一个村落,据 2010 年镇政府统计资料来看,巴珠村共有 21 个村民小组,其中 278 户,有 1377 人。藏族人口占全村人口的 98% 左右。非藏族人口主要是外来务工人员和嫁入本村的纳西族等周边民族的女孩,等等。森林覆盖率达到 98.2%。全村共有 2145 亩,人均耕地面积约为 1.5 亩,世代以半农半牧的生活模式为主。

③ 云南省迪庆藏族自治州是全国十个藏族自治州之一,土地面积约为 23870 平方公里,辖有香格里拉市、维西傈僳族自治县、德钦县三个县市,有 29 个乡镇。全州共有 37.2 万人,其中藏族大约有 13 万人,傈僳族大约有 10 万人,还有汉族、纳西族、普米族、回族、白族、彝族、苗族、独龙族、怒族等。

④ 维西傈僳族自治县是位于迪庆藏族自治州西南端的一个县,东与玉龙纳西族自治县接壤,南邻香格里拉市,西接贡山县等地,北靠德钦县。辖 7 乡 3 镇。分别是:白济汛乡、巴迪乡、永春乡、康普乡、中路乡、攀天阁乡、维登乡、塔城镇、保和镇、叶枝镇。全县傈僳族大约有 9 万人,占全县人口的 57% 左右。

"巴珠"一词的来源,当地村民有两种不同的解释。一种解释认为"巴"是指四川省甘孜藏族自治州巴塘地区,"珠"有"逃跑"之意,即"从四川巴塘逃过来的人",所以叫"巴珠";另一种解释则认为"巴"同样是指四川省甘孜藏族自治州巴塘地区,"珠"的意思是藏语中的"舞蹈",意为"弦子和热巴舞延伸最南的边缘区域"。从两种解释来看,前者具有一定的可靠性,在当地口述资料中也能找到与其名称有关的故事传说。

据当地人介绍,他们有八百多年的历史,大约在忽必烈南征大理(1253年)前后从今四川巴塘地区迁徙到现在的巴珠村一带。很久以前四川巴塘一带有位藏族头人,有一天晚上他梦到了梅里雪山,心想这是神山的指示,于是怀着非常虔诚的心带领巴塘的十三名男孩和十三名女孩,背井离乡一路朝觐去梅里雪山。但到了现在的巴珠村,看到巴珠村所在地山青水秀,宜于生活,便决定在此地定居。成为随从的十三名男孩和十三名女孩相互结婚,变成十三户家庭,也成为巴珠村的祖先。然而,他们在今巴珠村定居五十多年时,突然被当地纳西族木氏土司发现,木府派人命令他们离开这里,但他们违抗木氏土司的命令,始终没有迁走。木氏土司也很无奈,便跟他们提出居住条件,木氏土司说:"如果你们要在此居住,必须要跟随纳西族习俗。"这个条件过于苛刻,于是住在巴珠村的人们没有接受这样的条件。最后木氏土司作出了让步:"你们必须要把藏语的'阿妈'改为纳西语的'阿莫',同时要把你们所有的建筑风格都改为纳西族建筑风格。"他们答应了这个条件,双方达成了共识,这也是当地藏族文化有很浓的纳西族风情的重要原因,经过几百年的发展逐渐形成了现在的巴珠村。

洛西村的命名同样来自藏语,但在《丽江塔城洛西村东巴教与藏传佛教的文化交融与变迁研究》中认为"'洛固'是纳西语,意思是山谷深处"①。其中"洛固"虽然理解为纳西语，但当地人介绍说，"洛固"是藏语，"洛"是藏语的"lung"，意为"峡谷"，"固"是藏语的"phu"，具有"最里面"之意，合起来意为"峡谷的最里面"。洛西是洛固村的一个小组，位于洛固的西边，所以用藏汉两种语言来取名，意为"位于洛固西边的村落"叫"洛西"。

洛西村是巴珠村的延续，相互之间有很强的文化认同和血缘认同，但其并不像普理查德《努尔人——对尼罗河畔一个人群的生活方式和政治制度的描述》②一书中的"宗族—政治"裂变，也不像弗里德曼《中国东南的宗教组织》③中的"宗族—经济"裂变模式，洛西村的"裂变"只是简单由人口压力带来的。随着巴珠村的人口增多，有限的耕地面积无法满足和保持原来的生活状况，有些人不得不离开原来的居住区，寻找和开发其他地区来维持自身的生活。洛西村就是典型的一个"移民"村。

案例 2.3

次里，男，藏族，现年59岁，系塔城乡洛西村人。妻子为纳西族，现只有一个24岁的男孩。据他讲，他家是从维西巴珠村迁过来的，一共有八代，居住于洛西村的历史有七代，迁到这边已经有很长一段时间了。

"达世也达"是他们家住在巴珠村时的房名。当时有两个兄弟，一人在家里主持家务。另一位兄弟叫阿克，他从主家分离出去，本想住在山的阴面，可阴面不宜居住，所以搬到阳

---

① 王磊：《丽江塔城洛西村东巴教与藏传佛教的文化交融与变迁研究》，硕士学位论文，云南大学，2010年，第16页。
② [英]埃文思-普理查德：《努尔人——对尼罗河畔一个人群的生活方式和政治制度的描述》，褚建芳等译，商务印书馆2014年版。
③ [英]弗里德曼：《中国东南的宗族组织》，刘晓春译，上海人民出版社2000年版。

面，也就是现在的这个位置。阿克的小孩叫斯郎顿珠，从小就当僧人。后来因为家人担心断子绝孙，恳求寺院让他还俗，最后寺院同意他还俗。有一天，他去中甸纳帕亥禾时看到了一只特殊的白色蜜蜂。于是，他就占卜（之前是僧人，所以他比较精通此类仪轨），认定那只白色蜜蜂是他们家蜜蜂养殖场里的蜜蜂，就这样那只白色蜜蜂成为他们家的"福物"（能带来福气的象征，藏语为"gyang-rten"），这只蜜蜂一直在离他家房子只有二十几米的大树下。次里的小孩叫阿帕伟，阿帕伟在他的历代家族中是个非常不争气的人，甚至带来了家族历史中的没落时期。他喜欢喝酒，为了喝酒他把家里的田地、牛羊、衣服以及经书等有用的东西都卖了出去，致使他家一穷二白。后来的一代将之前卖出去的经书都重新赎回来了，也就是现在的这些经书。次里只有一个女孩，名叫斯朗卓玛，巴桑是入赘过来的。他们俩的小孩叫旦正卓玛，是一名女孩。

之前这里只有三户人家，他家是其中之一。一直以来他们家族的规矩是不能分家，所以家族共传了七代，目前为止还是一家。一般家里有好几个兄弟时，只能一名兄弟住在家里，其他兄弟要么必须去当僧人，要么到外边去经商。因为他们家的风水不好，所以一旦分家了，家人都不会长寿。

二 洛西村概况

地理环境、气候条件以及生产生计方式是影响村落文化的客观因素。文化会随着其客观因素的变化而发生相应变化。洛西村从纯牧业生产模式转型为半农半牧的生计方式，因此具有藏区农业和牧业文化相互融合的特色。

（一）地理特征

洛西村位于丽江市玉龙纳西族自治县塔城乡，在北纬27°29′

4″—27°28′39″，东经 99°27′42″—99°28′1″之间的云南省西北部，离丽江市大约 160 公里，离玉龙县大约 140 公里，离塔城乡政府所在地大约 10 公里。洛西村东邻德钦县，南接鲁甸镇，西连维西傈僳族自治县，北靠香格里拉市巴珠村。

洛西村从西边的维西傈僳族自治县延伸到东南方向的金沙江边的一座高山上，其山脉阴面朝北，由维西傈僳族自治县巴珠村管辖，阳面朝南，是洛西村属地，整个山脉是茂密的原始森林，覆盖率在 97% 以上。洛西村每家每户在海拔 2400 米至 3000 米的坡度为 60°左右的坡面上，散居在茂林中。偶尔有两兄弟或亲戚为邻居，居住在一块平坝上，大部分户与户之间大概相距一公里。从自家门口仰望或者鸟瞰，除了能看见大自然所养育的千年古树和对面山坡上别村的几户人家之外，根本看不到本村的其他人家，致使我这样的外来人总会产生山坡上只住了一户人家的感觉。

图 2-3　宁静的洛西村

洛西村属于多山环绕地区，山坡上错落有序的民居是一道亮丽的风景线。乡政府和村民把洛西村等其他自然村作为一个整体打造成旅游景区,是想让洛西村在旅游市场上闻名于世。洛西是洛固村委会重要组成部分,它与其他五组的地理条件有所不同,是唯一住在山半腰的一个自然村。

图 2-4 洛西村门牌

洛西村是个极富有画面感的自然村,尤其是现代混凝土路面把这些错落有序的每家每户串在一起后,并在树林里若隐若现时,没有一台摄像机能把这一景象尽收眼底。

图 2-5 洛西村公路

洛西村又被称为六组，在乡政府文件中通常以"六组"的地名出现。洛西村或六组现有16户，共有68人，其中纳西族两人，都是从其他村嫁过来的，她们都会说藏语，平时跟家人聊天同样使用藏语。2015年1月之前，这里的交通非常不便，从现在的塔城乡出发，要经过七八公里的羊肠小道，这道被官方称为"柏油马路"的峡谷小道，只通到洛西村五组，五组也就是山脚下的一个自然村。之后国家开始投资立项，修建了宽大约3米的混凝土路面，混凝土路通向每家每户，从此结束了当地"只通摩托车，不通汽车"的历史。

表2-1　　　　洛西村每家耕地面积和牲畜、家禽情况一览

户号	耕地面积（亩）	牦牛	黄牛	山羊	猪	鸡	狗	蜜蜂
1#	24	1	2	25	6	10	1	有
2#	7	2		34	5	6	1	
3#	7	2			7	9	1	
4#	8	1	2		15	15	2	
5#	9							
6#	13	1	1		7	11		
7#	10	2						
8#	13	2			6	8		
9#	13		3		10	14		
10#	9	2		30	8	10		
11#	11	1		25	8	9		
12#	12	1	2		10	8		
13#	7	1	1		7	10		
14#	13	2			7	7		
15#	7	2	1		8	14		
16#	2	1	1		2	12	1	

注：1. 以上数据是2015年11月统计结果。

仪式与族群认同

表2-2 洛西村家庭成员情况一览

户号	全家人数	男性 60岁以上	男性 60—50岁	男性 50—40岁	男性 40—30岁	男性 30—20岁	男性 20岁以下	女性 60岁以上	女性 60—50岁	女性 50—40岁	女性 40—30岁	女性 30—20岁	女性 20岁以下	僧人	大学	高中	初中	小学
1#	4		1				1		1						1			
2#	6		1			1	1			1		1	1					2
3#	4			1		1				1		1					1	
4#	2			1						1								
5#	1			1														
6#	2						1		1									
7#	4		1				1			1			1			2		
8#	5		1		2		1				1		1					2
9#	6			1	1	1				1	1					1	1	
10#	5			1		1	1				1	1						
11#	4				1						1	1	1					
12#	6				3		1				1		1	1				

续表

户号	全家人数	男性 60岁以上	男性 60—50岁	男性 50—40岁	男性 40—30岁	男性 30—20岁	男性 20岁以下	女性 60岁以上	女性 60—50岁	女性 50—40岁	女性 40—30岁	女性 30—20岁	女性 20岁以下	僧人	其中（学生）大学	高中	初中	小学
13#	4			1		1						1						
14#	6				2				1		1		2	1			2	
15#	3				1							1						1
16#	6			1	1		2			1	1							2

注：1. 全村共有68人，其中没有国家干部。1#、4#、5#、8#户各有长期在外打工者一人；12#、13#分别有两人，共有8人。
2. 以上数据都是2015年11月统计的数字。

（二）气候条件

洛西村气候条件跟周围其他地区极其相似。虽然洛西村所在位置相对海拔较高，但由于靠近地球赤道因而没有明显的高原气候。一年内温度变化不是很明显，从而形成了"冬无严寒，夏无酷暑"的自然天气，加之洛西村被环山包围，并位于朝南方向的山坡，创造了其特殊的气候条件。

公历12月初至来年1月底气候比较寒冷，早晚温差大，最低温度大概在零下4℃—零下5℃，中午温度却能达到13℃左右，平均气温6℃左右，偶尔也会下雪。2月份气温开始回升，7月份平均气温能达到20℃左右，具有明显的山地寒温带的气候特征。洛西村的夏秋两季，降雨量比较充足，降雨期也集中于6月至9月，年降雨量达到920毫米。冬秋两季晴天多，空气比较干燥，霜期也较长。

（三）生产方式

洛西村是农耕、牧业和采集业等多种生产方式相结合的自然村。以小农经济模式为农业生产方式，始终处于"过密化"或者"内卷化"[①]状态。洛西村的农耕是劳动密集度最高的一种经济类型，大约是牧业的三倍。相对而言，洛西村的牧业不像其他藏区的纯牧业经济类型，而是以山羊为主的放牧生活，每家还有一两头牦牛，但几乎"人畜同粮"[②]。然而，山羊并不是该村村民的肉

[①] 黄宗智研究中国农村时，将这一概念套用在中国农业社会，并在内容的理解上稍作改动，认为中国社会的商品化完全来自人口对土地的压力，耕地面积的减少导致农村社会趋向过密化或者内卷化，即经济在以单位劳动日边际报酬（生产技术或者其他要素不变条件下，增加其他投入要素所带来的产量的增加）递减的代价来换取单位面积劳动力投入要素的增加，也称为没有发展的增长。（［美］黄宗智：《中国经济史中的悖论现象与当前的规范认识危机》，《史学理论研究》1993年第1期。）

[②] 洛西村位于茂林，既缺少草场，也比较紧缺饲料来源，所以一般在农忙时期粮食等"精饲料"成为牦牛的饲料，在农闲时期秸秆和麦麸等副产品成为它们的饲料，这种人和耕畜在有限的生存资源上处于直接的竞争状态，即称"人畜同粮"。

食来源，而是主要的经济来源，村民通常以山羊的出售来承担家中的开销，村民平时主要吃猪肉，每到11月份村里每家每户都会储存猪肉。

案例2.4

平措，系洛西村人。在洛西村，他们家的经济条件比较好，家有山羊30只。除了他在家里有重活或者在乡上有事以外，每天早上都会上山放羊。放羊时需要带一把砍刀。由于森林里缺少山羊能吃的饲料，他必须要砍下灌木中新鲜的嫩叶来喂养山羊，这样才能让它们吃饱。2014年他卖了6只山羊，每只羊大概有80斤左右，以每斤羊肉均价为十元钱来算，平均下来每只羊能卖出800元，共4800元，这也是他当年全家的开支。

图2-6 山羊为主的牧业生活

虽然洛西村自然气候比其他藏区略好，但由于地理条件和"靠天吃饭"的旱地农业模式的影响，年产量相对而言比较低。洛西村位于半山腰交通不便,耕地面的坡度较高,一直延续着以牦牛为主要运输工具的二牛抬杠,严重限制了规模化经营模式。当地种植的农作物有:小麦、青稞、芸豆、玉米、向日葵等;蔬菜有:辣椒、白萝卜、黄萝卜、甜萝卜等;果树有:核桃树、杏子树、桃树、梨树等。

三 失去锐气的止贡噶举

止贡噶举主要在1179年止贡仁青贝①主持修建的止贡替寺。以帕木竹巴晚年的佛学理论为基础,使止贡噶举的佛学理论日趋成熟,也在藏区迅速盛行。萨迦政权时期,止贡被封为前藏万户之一,同时"得到元世祖忽必烈的弟弟旭烈兀的特别支持,而止贡万户长的头衔又高于一般万户,因而止贡成了前藏三个势力强大的万户之首"②。止贡噶举派通过教派影响并利用元朝政治基础,打造了一个登峰造极的政治空间,但也为教派在历史长河中的销声匿迹埋下了潜在的隐患。

1290年萨迦派在蒙古军队强有力的支持下,与止贡派进行正面对抗,杀死止贡派僧人并烧毁止贡替寺等,止贡派完全被击败。从此止贡派的政治权力被削弱,但其宗教势力仍在延续。直到14世纪时期,政治权力逐渐恢复,重新与帕竹巴为敌,又被帕竹巴击败。16世纪时期,止贡噶举联合噶玛噶举与格鲁派为敌,1642年格鲁派在固始汗军队的帮助下,打压了噶玛噶举为首的止贡噶举等诸多教派,从此,止贡噶举的政治权力和宗教影响范围在卫

---

① 止贡仁青贝(vbri - gung - rin - chen - dpal),1143年出生于今四川省邓柯县,1167年前往卫藏,敬拜帕木珠巴学习佛法,两年后帕木珠巴去世,后来个人独居山洞修行,悟出佛法,进而名扬天下。1177年(35岁)同时授沙弥戒和比丘戒,1179年前往止贡地区,新建寺庙,后来被统称为"止贡替寺"。从此他成为止贡噶举的创始人。
② 王森:《西藏佛教发展史略》,中国藏学出版社2002年版,第143页。

第二章 深林中的香巴拉：田野点概述

图2-7 夕阳下的达来寺

藏地区大大缩小，传法地点也不得不转向丽江等边缘地区。相传在止贡第十八任法台仁青平措曲吉杰布（1508—1557年）时期，他的一名关门弟子在丽江一带不小心把菩提佛珠撒在地上，长出很多菩提树，此事预示着将来止贡噶举必定会传到丽江。第十九任仁钦朗杰曲吉扎巴坚参（1519—1576年）二十多岁曾来姜域，16世纪中叶第二十一任止贡法台仁青秋林南杰（1557—1579年）的儿子帕木晓仲曾长期住在丽江，与当地人建立了深厚的友谊。17世纪初期，贡觉仁青[1]前往康定、理塘等地讲经传法[2]。据当地人介绍，第二十七任嘉木样曲吉杰布赤列顿珠[3]（1704—1754年）来到塔城镇准备新建来远寺，但受到塔城当地人的拒绝而无法立足。随即前往达摩山洞，食树皮草根闭关修行。丽江木增土司到

---

[1] 贡觉仁青（dkon-mchog-rin-chen）系止贡替寺第二十四任法台，1590年出生。
[2] 贡觉嘉措：《直孔法史》（藏文），民族出版社2004年版，第475页。
[3] 系纳西族木氏土司家族，出生不久黑帽系第七世噶玛曲英多吉活佛把他认定为止贡替寺第二十五任曲吉扎巴转世，后任止贡替寺第二十七任法台。

达摩山狩猎，在一个岩洞口，看见洞内一位长发披肩、衣不遮体的人，误将此人作怪物而惊叫起来，并叫他过来讲清自己身份，土司深受感动而准许在达摩山新建来远寺，同时也许诺寺院规模，首批入寺僧侣为36人，从此正式开通了东南方向的止贡噶举传播之路。尽管开通了东南传播路线，但得不到很多信众的认可而依靠黑帽系噶玛噶举第七世曲英多吉[①]的影响，逐渐被丽江木氏土司和纳西族民众认可。1755年出生的贡觉旦增曲吉尼玛为丽江木氏土司家族的一名童子[②]，在司都班庆旁授沙弥戒和比丘戒。不久前往止贡替寺勤学佛法，对止贡派的再次兴盛起到了重要的作用，不久继任止贡替寺第二十九任法台；1792年圆寂于止贡替寺。

在丽江木氏土司的大力扶持和止贡噶举诸多高僧大德的共同努力下，止贡噶举在玉龙一带逐渐扎下根，并开始建立止贡噶举寺院。最早建立的止贡噶举寺庙是达摩寺[③]，达摩寺的修建标志着木氏土司默认了止贡噶举在丽江周围[④]传播。随后修建来远寺[⑤]，由于寺院内部争权夺利，又分化出一大批僧人利益集团，因此重新选址修建了达来寺。达来寺是洛西藏族村落的精神文化中心。

---

① 噶玛巴曲英多吉（chos – dbyings – rdo – rje）系黑帽系噶玛噶举派第七世活佛。
② 贡觉嘉措：《直孔法史》（藏文），民族出版社2004年版，第534页。
③ 达摩寺，藏语为"kun – dga – fstan – pai – gling"。达摩祖师曾在达摩山洞中面壁十年而得道成佛，并在洞内留下了面壁影像和"顿祖称瓦"的足印，亦因此而得名。位于迪庆藏族自治州维西傈僳族自治县塔城镇启别行政村达摩山，离维西县城有82公里。据介绍，乾隆年间，在余万土司和当地官员大力扶持下的寺院处于鼎盛时期，纳西族及藏族僧侣达100多人。民国时期，民国政府实行僧侣免征政策，于是当地很多百姓为逃避兵役而纷纷前往寺院出家为僧，该寺院僧侣猛增至150多人。1964年寺院被毁。在丽江仲巴活佛的主持下，公元2000年重新修建达摩寺。
④ 丽江主城区等地是黑帽系噶玛噶举派的主要传播地区。
⑤ 来远寺，藏语为"abri – gung – rab – rgys – gling"。位于迪庆藏族自治州维西傈僳族自治县塔城镇其宗村委会黑罗山。

图 2-8 达来寺大门

很久以前，达摩寺有很多僧人，由于经堂太小，所以达摩寺翁仲活佛带几十名僧人，寻找修建分寺的地方。到了维西县和玉龙县交界处，他们看到一块小草坝，僧人都希望寺院建在这边，翁仲活佛却认为山阴面不宜修建寺院，便重新寻找地址。看到山阳面（也就是现在的位置）山青水秀，就定为修建寺院的地基。寺院刚修建不久，鲁甸地区有一个黑帽系噶玛噶举活佛得知此事，便前来与翁仲活佛交涉，说这是丽江的地方，让翁仲活佛拆迁寺院。翁仲活佛不答应他的要求，于是鲁甸的噶玛噶举活佛把此事告到当地土司衙门。土司把他们两个叫过来准备调解纠纷，天一亮噶玛噶举活佛就去土司家，但翁仲活佛神通广大，并不在意这件事，等太阳快升起时前往土司家。他到土司家时，噶玛噶举活佛早已跪在土司前。虽然他也跪在土司前，但他高于土司的座椅，从窗户穿过来的阳光使翁仲活佛的脚影远远地照射在土司身上，土司看到这一景象后有点胆怯，默默地认为翁仲活佛法力无边，于是想让他俩通过比法术一决高下，于是下令谁能求雨，便同意让谁修建寺院。翁仲活佛一听到求雨，便前往拉市海边，用网兜捕了两条水蛇后又放生。他将网兜拿到土司家并挂在屋檐下，并坐在屋内念经。没过多久，网兜上滴得水越多，雨就下得越大，此后土司便允许在他的管辖内建寺和传教。

另一种说法则是，以前只有达摩寺，也有一名德高望重的活佛。有一年达摩寺活佛去世，转世认定为寺院周围一户纳西族人家的童子，并举行了坐床仪式。他家有两个兄弟，家人和周围的人都认为弟弟是活佛转世，最后哥哥被认定为活佛转世，出乎他们的意料，于是很多人说达摩寺的闲话，寺院也置若罔闻，把活佛送到西藏学习。在西藏学习期间，哥哥为了显示他的本领，在一粒大米上刻了三尊佛像寄给弟弟。弟弟也不想示弱，便在一粒玉米上刻了十二尊佛像寄给在藏学习的哥哥。这件事很快传遍了整个地区，达摩寺僧众也心想认错了活佛。为了解决这一事件，达摩寺僧众新建了现在的达来寺，让弟弟管理。这样就有了达来寺。

寺庙建好没过多年，寺院发生了火灾，烧成一片火海。活佛想重新修建寺院。由于资金短缺，他恳求翁仲活佛，在翁仲活佛的帮助下，寺院重新选址修建，但在新址上建了一半后发现那里是个蛇窝，便又不得不搬到以前的位置。1958 年，寺院也未能逃脱"破四旧"的影响，被毁得片瓦不留。直到 1982 年，在县政府和周围各民族信众的大力支持下，重新修建了达来寺。

小结

洛西村祖先迁徙和居住地的特殊情况是形成其独特文化的主要因素。洛西村祖先从巴塘迁徙而来时带有很浓的巴塘文化特色，居住于现在的洛西村后，逐渐与周边纳西族和傈僳族、白族等进行直接接触，久而久之与周边民族文化相互融合，形成了"你中有我，我中有你"的"文化景观"。

地理环境是民族生存或其社会发展的条件、基础，其中包括地形、地理位置、气候、土壤、水资源、矿藏、动植物等自然资源。[①] 孟德斯鸠认为"炎热国家的人民就像老头子一样怯懦；寒冷国家的人民则像青年人一样勇敢"[②]。地理环境对社会文化有一定的影响，其作为外部因素对社会文化的产生和变迁具有不可忽视的作用。洛西村地理环境比较特殊，茂林和草场缺失以及地面倾斜度高等地理条件和冬无严寒、夏无酷暑的天然气候造就了洛西村自给自足的、农业生产模式和畜牧业生产模式相结合的文化类型。

第三节　生活与习俗：抹不去的集体记忆

"十里不同音，百里不同俗"。洛西藏族与周边纳西族人在长期的文化接触中，形成了以藏文化为底蕴的特殊文化，其与其他藏区文化相比有一定的区别，与纳西文化相比也有一定的差异。

一　"以黑为美"

"黑"与"丑"、"白"与"美"之间固然没有绝对的内在联系，在每个民族文化中具有相应的诠释方法。从藏族习俗及审美观角度，"白色"是崇高的，象征着"真善美"，人们向往着"白色"。但对于具体的实物来说，"白色"并不是绝对的"崇高"象征，"黑色"同样不是绝对的"晦气"象征。

[①] 顾乃忠：《地理环境与文化——兼论地理环境决定论研究的方法论》，《浙江社会科学》2000年第3期。
[②] ［法］孟德斯鸠：《论法的精神》（上册），商务印书馆1961年版，第228页。

图 2-9　村民住房内部格局

表 2-3　　　　　　　　火塘房内的主要器物及其颜色

序号	实名	颜色	备注
1	外表	黑褐色	
2	房门	黑褐色	
3	内侧墙面	黑褐色	
4	柱子	黑褐色	
5	房梁	黑色	
6	檩子	黑色	
7	屋面板	黑色	
8	墙柜	黑褐色	
9	火塘	黑色	
10	供台及佛像	黑褐色	
11	锅	黑色	
12	炒锅	黑色	主要是外层
13	水壶	黑色	
14	打茶桶	黑褐色	

虽然这些并不是村民故意熏黑的,但在长期烧柴的过程中,没有烟囱的火塘,给这些物品赋予了这种黑或黑褐的颜色。"藏彝走廊"中比较流行的火塘不像西北藏族地区的土灶,土灶有专用的烟囱,所以烟不会从灶门倒流。

火塘是三根铁支架撑起来的比较简单的取暖设施,兼具煮熟饭菜的双重功能。由于三脚架过于简单,烟火从火塘的四面往上冒,导致火塘上面的水壶、炒锅、铝锅等被熏得就像刷了一层黑色的漆。火塘房内同样是这种颜色,从墙面到屋顶,黑色的火塘与黑色的厨具和墙面非常搭配,这显示了高贵和家族延续的悠久历史,或者表明不是新家。

二 火塘与男人

休闲是城市生活和乡土社会中普遍存在的人类劳动之余的活动,但两种休闲方式截然不同。闲暇不仅是在充分的时间里实现人际关系的方式,也是本村信息相互交换的公众平台,更是一种乡土性的娱乐方式,它能充分体现出乡土社会的生活习惯。洛西村村民不像其他藏区的村民,他们不会集中在村落集市或人口密集的公共场所聊天或一起休息,而是喜欢几个亲戚朋友围在自家的火塘,边喝酒边聊天。尤其是在冬天,如果一天没什么事要干,那就会待在家里烤火。虽然村民们有很足够的闲暇时间,但这种闲暇具有很明显的传统性和封闭性。近几年虽然每家每户都购买了电视机和卫星数字接收器,但按照洛西村的习俗,没有一户人家把电视机置于火塘房内。电视机与平时的生活是完全隔离开来的,加上户与户之间的距离相对而言较远等原因,没能形成一个简单的集聚,也很少有玩扑克或者打麻将、下棋等现代性和大众性的闲暇方式。

洛西村是典型的以自给自足经济运作模式为主导的藏区乡土

社会。火塘作为大部分村民娱乐休闲的重要场所,它的休闲方式和"接触"聊天有很大的局限性,范围不外乎是亲戚或者朋友,但却承载着本村历史文化传承和市场信息交换等多重功能。

案例2.5

曲扎,男,34岁,洛西村人。这几天①他们家在盖新房。白天亲朋好友们过来帮他们家干活,他们家用美酒和菜肴来招待他们。每天晚上他们吃完晚饭,都会围着火塘闲聊。渐渐地只会剩下他的叔叔平措和我。叔叔平措是个健谈的老者,不仅聊全藏区的各种新闻,也会聊他们村落的很多往事。曲扎与平措总是在阴暗的灯光下,对着微弱的火光,有说有笑地聊很长时间。随着深夜的到来,村里除了能听到狗叫声以外,几乎听不到任何杂音,这时他们会看看手机,准备回家。

不管是男性还是女性,年迈老人的休闲方式与青年略有不同。大部分青年几乎都喜欢集中在火塘边,而年迈的老人更加喜欢寻找一种心灵慰藉来"迎接"结束生命前的"准备"。

案例2.6

旺姆,81岁,她有七个孩子,都安家立业了。除了特殊情况如患有感冒等疾病以外,她每天都去转80—100次的白塔。如果病了不能去转白塔,那就在家里转小型转经筒。除此之外还会在家里磕头,磕头的次数每天不等,有时候是50多次,有时候是80多次。

---

① 2015年11月。

案例2.7

罗姆，女，现年71岁。她认为她们家祖宗是最早居住在洛西村的人，并认为她们家祖宗迁到此地居住时，现在的洛西村只是个野兽的居住地。她平时都在念经，白天需要干活，也比较忙，所以没时间念经。只有在晚上吃完饭，她分别要念六字箴言和莲花生大师心咒各三千遍。旺姆老人非常虔诚。她说为了来世得到幸福，必须要念经，作为一个藏族人都会相信来世。

案例2.8

次旺，男，现年60岁。他每天早上起来要做的第一件事是念经和煨桑，有时候还要转动经筒。晚上吃完饭，还要念六字箴言。念经次数没有硬性规定，念多少遍都可以。

三　美酒与闲聊

酒在洛西村，甚至在整个"藏彝走廊"民族文化中是不可或缺的饮品。不管是自家人还是有贵客到来都会以酒作为平时的饮品，每家每户可以没有酥油茶，却不能没有酒。酒有两种：一种被他们称为"强"，藏语意思是"酒"，做工比较简单；另一种被他们称为"阿热"，藏语中有"酒精"之意。这种酒的做工比较精细，两者之间的直接区别与蒸馏有关。不管是"阿热"或者"强"，还是现代瓶装白酒或者啤酒，对于本村人来说是个"黏合剂"。为了享受喝酒过程和沉醉"模式"，男性亲朋好友都会集中在火塘边痛饮一场，在酒精的外力作用下，有说有笑地谈论各种话题。

多杰，69岁，洛西村村民。他有四个小孩，两男两女。他跟大儿子夫妇一起住。直到他孙子为止，他们家族共传了十二代，除了这个他几乎记不清很多事。我与他初次见面的时间为第一次田野的某一天傍晚，正式访谈的时间大概是晚上8点。

天色渐渐变黑，从紧闭窗户的裂缝中几乎看不到任何光线。他开始喝自家酿的酒。没过一会儿，绕着火塘坐了好几个人。男主人从一旁拿来一扎啤酒，给每人递去一瓶啤酒，他们兴高采烈地谈起了往事。七名中年人围着多杰家的火塘，所有的人都沉醉在他们祖先的历史叙述中。坐姿无规则的多杰老人想到了什么，突然盘腿而坐，伸出右手从身边的供台上依次拿下两只供有圣水的铜碗，将铜碗里的圣水慢慢地倾倒在火塘边。

在火塘四周垂直而上的浓烟把那两只神圣的铜碗熏得像个"煤炭"，如果不看供水碗内侧的颜色，从外表上看谁都无法判断出那是一只铜碗。圣水倒完之后便把铜碗扣在供台的一边，以便晾干铜碗内侧的水渍。多杰老人又把供台桌下的香炉移到前边，用火钳从火塘中取出一点火炭，将火炭置入香炉。然后在一根香木上用刀削了一点木屑，放到火炭上，香炉里顿时冒起了很香的白烟。

依次做完，多杰老人又开始喝酒，他们继续拿他来开玩笑，老人也非常幽默，笑声持续了一段时间。多杰老人的啤酒也喝完了。他依然非常熟练地从供台桌立柜中取出熏黑的手动转经筒和佛珠，合起双手含混不清地念了一遍《皈依经》后，伴随着美妙的旋律，一边念起了六字箴言经，一边手摇着那转经筒。这时他一心一意地念经，几乎并不关注火塘周围仍在持续聊天和喝酒的人。过了半个小时左右，他把转经筒和佛珠放到原处，并跟我讲："已经念完一千多遍了。"我说："您为什么念得那么快呀？"他就跟我讲，"佛珠必须要有 108 颗，我的佛珠也有 108 颗。虽然唵嘛呢呗咪吽叫六字箴言，其实有七个字，所以念一遍可以算得上是七遍，这样一千遍很快就能念完"。

四　藏族名字与汉姓

在藏语语法中"名"是指"表达事物属性"，也就是为了区分其他事物而取的一个符号，姓名同样是民族文化的重要组成部分。[①] 然而，在藏区很多地方藏传佛教对民众的命名有深刻的影响，人们几乎可以从姓名来判断该地区所盛行的宗教教派。在洛西村这样的边缘地区，名义上盛行止贡噶举，但比起当年的辉煌现在是"名存实亡"。通常情况下，宗教人士除了到洛西村参加红白喜事外，几乎与洛西村民和周边的止贡噶举寺院之间没有很明显的互动关系。藏传佛教直接参与民间活动也比较少[②]，所以村民取名也很随意，并没有止贡噶举的明显特征。

洛西村村民具有双重身份，即以藏族名字为代表的本村内使用的藏族身份和以"和"姓为代表的与外界族群联系的藏族身份。从汉姓角度看，全村为"和"姓。"和"姓在洛西村既是"私名"，又是"公名"。何晓明在《姓名的文化——社会功能》中写道："姓名承担的社会功能不断扩展，但是，他们最基本的功能，依然是作为群体和个体、尤其是个体的代表符号。作为群体代表符号的主要作用表现是，同姓之间存在近乎天然的亲近关系，尤

[①] 何晓明：《姓名的文化——社会功能》，《湖北大学学报》（哲学社会科学版）2002 年第 5 期。
[②] 村民偶尔也会邀请周边寺院的僧人帮小孩取名。

仪式与族群认同

其是在社会发展相对滞后的农村地区。"[①] 洛西村虽然普遍使用姓氏，但当地姓氏的功能不像汉族社会和纳西族社会那样起到"同姓则同德，同德则同心，同心则同志"的社会整合作用。如今，由于政府部门和学者重视研究，强化了当地的族群认同，洛西村村民也趋向有意识地舍去纳西族"和"姓，恢复和使用藏族名字来重新寻找藏族身份。

案例2.9

我的藏语名字叫平措，汉语名字叫和国强。在村里，村民们只叫我的藏语名字，如果说和国强，很多村民都不认识我。以前只上过小学二年级，当时，老师让我取汉语名字，没有汉语名字就不让我上学，老师给我取名为和国强。"和"是纳西族的姓，我们全村人都姓"和"。我们村里生小孩一般只有藏语名字，等他们上学了老师会给他们取汉语名字。我们作为藏族人，不应该有汉语名字，现在学校老师也不会强行要求必须取汉语名字。所以我的孙女和孙子没有汉语名字，只有藏语名字，孙女叫卓玛拉姆，孙子叫仁青扎西。

小结

洛西村是一个古老的村庄，村民较早与纳西族文化接触和磨合，作为多民族聚居区，在几百年的文化融合与分离的变迁中，作为本村主体民族的藏族族群始终接受和迎合纳西族文化，但也在大体上保持了本民族的独特文化。

保持这种原生态文化的根本原因不仅是族群自身对本族群或

[①] 何晓明：《姓名的文化——社会功能》，《湖北大学学报》（哲学社会科学版）2002年第5期。

者本民族强烈的文化认同感，而且也与当地自给自足的自然经济有直接关系。就像努尔人部落的跟牛有关的生活习俗一样，围绕着"牛"的财产而产生了各个部落间资源争夺的械斗以及家族的裂变和整合。洛西村的社会组织和运行机制都与努尔人社会所体现的"结构功能主义"具有相似之处。本村自给自足的"小农经济"① 限制了族群与族群之间的大量接触。

---

① 恰亚诺夫农村经济理论。

第三章　仪式容量：族群认同的文化表征

由于每个族群所处的地理环境和所经历的遭遇不同，文化表征会呈现区域性特征，这种特殊的区域性文化是每个族群彰显族群性的内在因素。通过区域性文化表征来表述一种对应的认同感，这对族群内部秩序的协调起到了重要作用。火塘、中柱、建房、祭祖先等仪式过程虽然简单，但从中反映出了很多与当地社会结构相对应的文化功能。

洛西村生活中的重要仪式既是村落文化传承的要素，又是协调村落内部秩序的工具。村民们通过不同的仪式过程建构不同层级的"共同体"，始终贯穿着每个社会组织结构。

第一节　从里到外：空间上的转移

从空间上讲，仪式是为了协调社会内部秩序使其具有层次感的文化行为，由此产生的族群认同不仅具有层次感，而且有一定的空间感。文化空间感是家庭或者族群内部秩序的"调和剂"。家庭或者族群内部结构日益复杂，致使仪式过程或形式出现了多样化特征。仪式是具有容量限制的文化行为，按照参与者的文化身份来表述其所强化的认同感。虽然仪式参与者需要周期性地重复各项活动，但其在社会生活中"制造"出了不可忽视的"协调"作用。

一 祭火塘："求助"灶神

"灶神"是共同性之下文化差异所带来的文化符号，也是中国传统文化比较独特的现象。全国各民族的灶神信仰及文化表现共同构成了中国灶神信仰体系，它在中国人的行为举止和价值观方面有深刻的影响。"灶"与"灶神"是不同时期产生的两种文化符号，在"火塘灶—锅台灶"① 的发展模式中逐渐形成了当地的"灶神"信仰。

汉文化中的"灶神"似乎跟"火神"有直接联系。当人类学会了钻木取火以后，"火"给人们带来了希望。不仅驱走了危险的野兽，也根本性地改善了食物结构。因此，人们对火产生了无限的敬畏，进而认为有一种无形的"神灵"在操控着火，与人性相结合，建构了具有喜怒哀乐的"火神"。被称为"火帝"的"炎帝"是汉文化中最古老的"火神"之一，但没有具体的祭祀仪式，祝融亦是汉文化中的"火神"。汉文化中把"炎帝"封为"太阳神"，祝融是炎帝的玄孙。后来，炎帝和祝融同时成为汉文化中的"灶神"形象。随着生产关系和社会结构的变化，使灶神的性别、神性、姿容以及信仰等内在性文化发生了相应的变化。

> "灶君"或者"灶神"是天庭派到人间的"督察员"，长期居住于每家每户的锅台当中。只有腊月廿四当天，前往天

---

① 纳西族学者杨福全认为，人类最初是用"火堆"，为了便于保留火种和烤熟食物，习惯用石头围在火堆周围，这是火塘灶的初级形式。后来随着人类社会的发展，在火塘灶基础上形成了"锅台灶"。（杨福全：《灶与灶神》，学苑出版社1994年版，第4—22页。）

庭，报告人间的所闻。因为整天与平民生活在一起，灶神非常了解平民的一举一动，喜欢打小报告。所以腊月廿三晚上，平民们为了让她高兴，每家都修复灶台，并采取各种办法贿赂她，尤其是祭酒让她昏醉，祭粘牙糖糊其嘴，使她到了天庭说不上坏话。甚至在灶神旁贴一副对联：上天言好事，下界保平安。

藏文化中的"灶神"形象虽然与汉文化中的有所差异，但与灶神有关的神话故事和其文化功能基本相同。然而，藏文化中提到"灶神"时讲道：

> "台拉欧莫"，女性，农历腊月廿三时，每家每户都要对自己家中的灶台进行一次相应的修复或者美化。因为廿四早上，灶神台拉欧莫前往卫藏地区（特指拉萨），朝拜大昭寺等各大寺院。她去卫藏为不丢自己家的脸，需要穿新的衣服，这样显得自己家很富有。每家每户对家中的灶台进行修复，象征着灶神台拉欧莫穿上新的衣服，所以人们很重视修复灶台的这一天。

"台拉欧莫"是"蓝色灶神"。"台拉"是指"灶神"，"欧莫"是她的神色，意为"蓝色"。虽然藏汉文化中各地区有关"灶神"传说的脉络大体一致，但各个民族的习俗和信仰不尽相同，从故事本身的母体中脱离出来形成了各民族特有的表达方式。当然，汉文化中的"赤衣灶神"和藏文化中的"蓝色灶神"之间有鲜为人知的区别。

汉文化中通常把"蝉"或者"蛙"作为"灶神"的形象，进行崇拜或者信仰。而在藏文化中是把"蝎子"作为"灶神"的形象。但这些动物的颜色与文献或者传说中所阐述的"灶神"神色之间没有太大的关系。

洛西村的祭火塘与灶神之间也有紧密的联系。洛西村乃至云南迪庆藏族自治州或甘孜藏族自治州及阿坝藏族羌族自治州的其他藏族之间有很多"文化特质"上的相似性，比如火塘文化等。"火塘"在西藏自治区农牧区或者在青海藏区很少见。据杨福全研究："火塘是史前先民最普遍使用的地灶之一，后世的锅台灶是在火塘的基础上发展起来的。"① 原先人们使用火种后，火堆成为家族成员唯一的聚集地，逐渐产生了以石头为主的简单灶。这种简单灶既不是土灶台，又不是现代意义上的火塘。《火塘的文化特质》中写道："炉灶是火塘的延续，炉灶的优越性远远胜过了火塘的简朴性。但火塘所蕴含的文化内涵却是炉灶所不可比拟的。主要指火塘的模式化和宗教性色彩十分浓郁，火塘的人为化、实物化、模式化、简朴化的特征十分突出。火塘是人们根据取暖烹调的需要，采用固定的模式创造出来，并寄托着人们的各种希望的火实体。"② 很明显，"石灶"是产生"火塘"和"土灶台"两种灶台类型的基础。"石灶—火塘—土灶台"发展顺序的"三段论"是现阶段灶与灶神研究者普遍认可的学术观点。

在形式上，石灶与火塘比较接近，但火塘未必是土灶台的基础。笔者认为人类历史上出现"石灶"以后，按照各地区地理环境和文化习俗演变成"火塘"和"土灶台"两种类型。

洛西村每家每户的火塘作为家庭公共空间，是灶神的居住地，每人对火塘都有一定的敬畏感。这种敬畏感是火塘建造初期就有

---

① 杨福全：《灶与灶神》，学苑出版社1994年版，第7页。
② 邹敏：《火塘的文化特质》，《云南消防》1999年第1期。

的心理反应。火塘建造时的一系列仪式为火塘正式"投入"生活当中赋予了很多神圣性。

图 3-1 火塘的具体位置

火塘文化是围绕火塘而形成的比较独特的文化特质,包括各种宗教仪式活动和生活习惯、文化禁忌等。很早以前火塘房、厨房、卧室、客厅是合四为一的。现阶段由于经济条件提高了,卧室和厨房分开来,但少数家庭仍然延续和保持原有的传统。火塘位于靠近火塘房任意一面墙的上方。建火塘时选定房内最合适的区域,把三脚式铁架的任意一脚正对着离墙面一米左右的位置,并把另两脚之间的口对着另一面墙。按照洛西村的习俗,栽放铁三脚架火塘时,有既严格又简短的仪式过程。据泽仁老人讲:

> "thab-ka"(指火塘灶)栽放时一般会选一个吉日。吉日那天把新买过来的铁三脚架拿到家中,用柏树叶和松树叶的浓烟来熏它,去除铁三脚架上的晦气。之后,面对供台的火塘一脚处,挖一个坑,里边埋藏一只很完整的碗,碗里置

有五谷和金银等贵重物品。铁三脚架的一只脚栽放在其坑内，填满土，由此把铁三脚架在火塘边固定下来。将其固定下来后，需要修建一个长方形的土坑。土坑的方向与三脚架火塘的方向是一致的。宽大约为1米，长为1.6—1.7米。

虽然在火塘灶的栽放过程中，僧人不直接参加其仪式，但吉日的"选择权"往往掌握在周边寺院的僧人或村里的精英人士手中。除此之外，僧人或者"乡绅"不参加栽放火塘灶的活动或仪式，由家庭成员中的某人安置即可。火塘的神圣性也是从铁三脚架下埋下五谷和金银以后开始的，从这一天起火塘成为家庭的中心。家中的所有活动围绕火塘而展开，也是围绕火塘而结束。这种环火而坐、环火而食、环火而眠的习俗始终影响着洛西村每一位村民的行为和价值观。

案例 3.1

扎西，42岁。据他讲，火塘对于一个家庭来说非常重要，也是非常神圣的公共空间，任何人都不得触犯火塘的文化禁忌。如果有人跨越火塘或者把大蒜、葱、指甲、头发等不洁之物丢进火塘，灶神就会为此而不悦。此事后果比较严重，也许给家人带来死亡或者疾病、财产损失等任意一种灾难。然而，为了避免这种不必要的灾难降到家人身上，人们在火塘边活动非常谨慎。

他还讲，以前村里的几户人家为了方便，把传统的铁三脚架火塘换成现代的炉灶，后来他们家人都得了疾病。为此，他们前往寺院请僧人卜卦。僧人说是因为换了炉灶，结果灶神不高兴，所以灶神惩罚给你们的家人。于是他们重新安置火塘，他们家人的病也就好了。

仪式与族群认同

虽然火塘文化或祭"灶神"仪式看似简单，但它在实际生活中起到的作用往往比我们想象得大。

泽仁平措，45岁，在洛西村长大，除了去过丽江和香格里拉以外，一年四季都在家放羊维持家里的生计。他几乎没有出过远门，也不喜欢出去打工。在他的眼里，随着年龄的增长，洛西村的一切都发生着潜移默化的变迁，比如，生态、信仰、居住条件、交通、人际关系等。据他讲，他小时候周边不仅是茂密的原始森林，而且森林中有各种动物。如今森林的未来令人堪忧，尤其是三年前的一场大火，大片森林化为灰烬。

他平时八点起床，这个时间差不多是家里所有男性起床的时间。因为女性们七点起床，生火、做完早饭，平常需要一个小时左右。假如你起床晚一点，那么其他人会很不耐烦地等你，所以一般不会"迟到"。在家，他始终是所有活动的主角，包括吃饭、干活、举行宗教活动等。每当吃饭时，他总是在火塘边的主座上席地而坐，拿小型的茶桶，打完酥油茶，从供台的柜子中取出糌粑盒，用勺子把少量的糌粑点在铁三脚架火塘的每只脚上方，一枝松树叶沾在盛满酥油茶的碗里，洒在熊熊燃烧的火塘中，同时会念几遍祈文：

一敬八瓣莲花供台；
二敬灶神如意宝；
三敬中柱如意宝。[①]

[①] 藏语原文为 mchod – stegs – pad – ma – adhab – brkyd – mchod/thab – lha – yid – bzin – nor – bu – mchod/dbus – ga – yid – bzin – nor – bu – mchod/。

顿时，火塘里响起"噼里啪啦"的声音。过一会儿随着火焰，铁三脚架的温度不断升高，之前点在火塘上方的糌粑也慢慢冒起了浓烟。此时糌粑的烟味缭绕在火塘房内，他们便开始享用早餐。但泽仁平措的事还没完，将在住房周围松树上折回来的新松树叶塞进供台附近的火塘一旁，松树叶顿时化为灰烬。每天把两项简单的仪式重复一遍后，他才会享用酥油茶和可口的糌粑。①

在藏语语境中，"火塘"或者"土灶"统称为"thab"或者"thab-ka"，同样在洛西村"火塘"被称为"台"②。"火塘"在洛西村每家每户中具有一定的文化功能，其功能随着"灶神"神圣性的强弱而体现出来。正如："'家'是一个共同生产和消费的单位，因为家庭成员同吃一锅饭，故'灶'成了家的代名词。沃尔夫和黄杰山进一步声称'家'和'灶'的联系。"③ 由此可见，因为"灶神"的神圣性把"家"与"灶"完全地捆绑起来进行解释，形成一个以"火塘"为中心共同预算的群体。④ 显然，家人对"灶"和"灶神"具有一定的敬畏感，由此家人对其家庭产生强烈的认同感，反之亦然。

对于洛西村，"thab"是家的"中心"或者"核心"，在火塘周围，男性与女性、长辈与晚辈、主人与客人、俗人与灶神的界限非常明显。"灶神"作为空间上的"thab"成为与"家"相互连接的纽带，"thab"象征着一个"家庭"，也是"家庭"浓缩的

---

① 粑粑指为饼子，当地的藏族、纳西族、傈僳族、白族等普遍把饼子统称为粑粑。
② "台"是藏语的音译，藏语为"thab"。
③ ［美］杜赞奇：《文化、权力与国家——1900—1942年的华北农村》，王福明译，江苏人民出版社2010年版，第67页。
④ 同上。

"平面图"。《中国社会中的宗教与仪式》中写道:"灶神和灶的关系因而就是神和家的关系,这种关系特征在本质上是官僚性的。家是社会的最小实体单位,而灶神是超自然官僚机构中地位最低的一员。"[①] 对于"灶神","thab"是它的居住地,又是呈现神圣性的主要场所。灶神对"thab"具有很强的依赖性,反过来"thab"由于"灶神"的神性而被神圣化。这种"thab"与"灶神"的神圣关系在家庭当中能直接体现出来,它的每一种文化元素在"家"中都能找到相应的文化特质,比如,"灶神"与"主人"的相互联系,以及"thab"与"家"在公共空间上的相互联系和相似性。

以"thab"的形式体现出来的"家庭"内部等级制度在某种程度上重新"建构"和"调解"家庭内部组织的运行机制,基于不同性别、辈分的社会角色围绕着"thab"或者"火塘"而展现出来,其等级制度既是家庭内部组织结构的重构和"优化",又是每一位家庭成员对整个家庭产生认同感或者归属感的基础。触犯我家"thab"或者"火塘"神圣性及禁忌的"他者"不会受到"灶神"的惩罚,但自己的家庭成员的行为会受到规约,所以他们是承担灾难的一个特殊群体。为了捍卫自家利益和抗拒灾难,家庭形成一个以"神"为"中心"或者"纽带"的小型团体。

二 祭博嘎:中心的象征

牧业生活是大部分藏族人的生活模式,大多数藏文化跟牧业生活息息相关,这种生活模式极大地影响了藏族信仰体系。因此

[①] [美]武雅士:《中国社会中的宗教与仪式》,彭泽安、邵铁峰译,江苏人民出版社2014年版,第139页。

黑帐篷既是藏族家庭的象征，也是家庭的公共空间。这种实质性的文化公共空间需要有一个中柱来支撑，是公共空间的中心。"中柱"的存在是为了使家人避免遭受高原的风吹日晒。因此在地方文化心理暗示影响下，家人对"中柱"产生了敬畏感。

佛塔源于印度文化，但其中也"存在"诸多藏文化"生命"。对于藏式佛塔的起源有两种截然不同的观点。一种观点认为，释迦牟尼圆寂以后，弟子们把佛祖的舍利置入塔中，以此纪念佛祖的习俗随着佛教被引入藏区，与藏文化中的建筑艺术进行高度融合，逐渐产生了现代意义上的藏式佛塔。另一种则认为藏式佛塔是苯教的建筑风格，是苯教和佛教融合而产生的建筑艺术。现阶段藏式佛塔成为藏文化中不可或缺的一部分，对其进行深层解读，也取得了相应的成果。自从"佛塔"在藏区出现以后，与藏区本土文化或者民风民俗相结合，产生了独特的藏式"佛塔"。不管是置入舍利子的"浮图"佛塔，还是积土而成的"支提"[①]佛塔，在藏区佛塔信仰中，统称为"曲旦"[②]。"曲旦"的文化功能与信仰方式跟其他族群基本一致，但它的建造过程基本上是藏化的，需要一根"中心柱子"，也就是藏语的"srog-shing"，意为"生命之木"。佛塔作为一个"想象的世界"或者被信徒建构的完整"世界"象征，"中柱"或者"中轴"是佛塔中最主要的组成部分，尚未置入"中柱"的佛塔定然会失去相应的神圣性。这种在佛塔内置入"中柱"的习俗，很有可能跟藏族本身的生活习俗有紧密联系。

---

① "除翠堵波之外，尚有支提（chaitya）。最初两者的形制可能完全一样，有所不同的是埋有舍利的称拿堵波，无舍利的称支提。从支提的原义来说，有'积聚'的意思，即积土石而成，或谓佛的福德积聚于此。"（吴焯：《佛教东传与中国佛教艺术》，浙江人民出版社1991年版，第49页。）

② 藏语为"mchod-rten"。

仪式与族群认同

  佛塔内放置"生命之木"[①]或者"中柱"是牧区帐房内中柱功能的衍生。虽然帐房和佛塔同样是公共空间，但实际是公共空间和抽象空间之间的相互转换。人们用具有神圣性的佛塔等建筑物的公共空间来展现实际生活中作为家庭公共空间的帐房。

  "中柱"信仰在青海藏区[②]广为流传，尤其是少女出嫁时，显得非常重要。青海藏区的"中柱"信仰和祭祀观念比洛西村的"中柱"信仰和祭祀观念淡薄，但从信仰模式和祭祀过程来看基本一致。例如，在青海藏区，某家一位姑娘出嫁的当天早上，出门前要围绕自家房内的中柱右转三圈。如果中柱那里不方便转圈，那么由弟弟替代中柱，绕着弟弟右转三圈。虽然这种行为较简单，但从中所折射出来的文化信息却相当丰富。

  古时以来，苯教在藏区的流行对藏民族的价值观、行为规范及生活习俗方面产生了很大的影响。佛教替代苯教之后，苯教退出了主流文化，但苯教势力在民间仍然存在。长时期佛苯之间的"文化磨合"，使藏文化出现了佛苯文化派生出来的"混血"文化，其中佛苯两者按照各自理论框架将藏族民间文化进行了工具性解释，形式上出现了不同的解读和仪式过程，但其文化底蕴始终没离开过藏族本身的生活习俗。

  在洛西村，"中柱"为"博嘎"，是洛西村每家每户所拥有的神物，也在他们生活中占据着重要的地位。"博嘎"是藏语中的"dbus – ka"，"博"是"dbus"的音译，意为"中心"。"嘎"是藏语的"ka – ba"，意为"柱子"，也具有"中柱"之意。

---

  ① "生命之木"的置入不仅仅是藏式佛塔所特有的核心内容，堆"玛尼石"，或者建"奔康"，或者建"拉则"等同样需要置入"生命之木"。"生命之木"是这些宗教建筑物被赋予神圣性的重要表征。藏区喇嘛在"生命之木"上写"ha"字等，对其念相应的咒语并开光后，将其插在这些宗教建筑物的中心。从而使藏人对它产生敬畏感。

  ② 指为牧区和农区。

第三章　仪式容量：族群认同的文化表征

图 3-2　火塘房内"博嘎"或者"中柱"

措姆，女，53岁。她比较能干，自己家的琐事几乎都是独自一人完成。比如挤奶、酿酒、养蜜蜂、割草、喂猪、做饭等。在洛西村文化中，酒占据了很重要的位置，酒也分为"斯里玛酒"和"强"①。酿酒时，浓浓的酒味飘逸在房屋周边，似乎呼唤着远方的客人。

她家酿酒几乎没有什么规律，当家人喝完白酒，措姆主动到酿酒坊去酿酒。酿酒虽然不是什么重活，但需要一定的耐心和技术，尤其是火候甚为重要。酿酒期间她老公到酿酒坊，时不时地打开装有胚芽和酵母的大锅，并从蒸馏过来的酒中舀出一点白酒。经过两个多小时的细心蒸馏，酿出半桶酒。将半桶白酒拿到火塘房以后，把酒倒在干净的瓷碗，最后把酒洒在中柱上。嘴里含糊地念着"敬供中柱如意宝"②等祈文，简单的仪式就这样结束了。

---

① "强"是藏语的"chang"，是"酒"的意思。
② 藏文为"dbus – ka – yid – bzhin – nor – po – mchod"。

仪式与族群认同

同样，挤牛奶或者打酥油都要经过一项简单的仪式，要在中柱上洒点挤完的新鲜奶或者在中柱上抹点打好的新鲜酥油。虽然这种仪式简单，但已成为约定俗成的、不得不遵循的习俗。仪式过程也没有什么男女区分，通常情况下女性在继承和延续中起到重要作用，因为她们是干杂活的主力军，所以每当她们做完这些食品和饮品，首先到"博嘎"前，对"博嘎"举行一次很"隆重"的仪式。

图 3-3 酿酒坊的简单设施

"中柱"崇拜及祭祀仪式是藏族农牧业生活习俗和佛教文化的结合。刘朦在《云南古羌支系各族建筑中的中柱起源探析——主要以彝族、藏族为例》中写道："羌人的一支后裔是藏族，藏族也是一个游牧民族，无固定住所，喜用帐篷，便于搬迁。藏族建房时要先立中柱，确定好了中柱的位置才能朝四面展开。这就跟搭建帐篷的原理是一致的，中柱不存，帐篷也不复存在。藏族民居中的中柱都非常粗壮，选材用料十分讲究。立柱之前要请寺庙活佛或喇嘛掐算时间，并举行相应的仪式。"① 虽然刘朦把香格里拉的特例认为是藏族文化中的普遍现象，但她也认同"博嘎"或者"中柱"信仰是藏族居民搭建黑帐篷所延伸和派生的次文化。尤其是从洛西村的建筑格局来看，火塘、供台、中柱的空间组合与藏族牧业生活中的黑帐篷空间格局相比有很多的相似之处，再加上火塘房、厨房、卧室、客厅、佛龛的多维一体的空间格局，更能体现出其直接延续了黑帐篷的空间结构。

当然，只是延续了黑帐篷的中柱，对其并不会产生神圣性，只有与佛教或苯教相结合才能产生相应的祭祀仪式。随着时间的推移，"博嘎"或者"中柱"信仰和祭祀在民间根深蒂固，并在其社会文化中起到一定的作用。周家喻在《"黄佤"中柱崇拜和祭祀仪式的象征人类学解读》中探讨佤族中柱信仰时写道："在'黄佤'社会中，民房里的中柱被赋予了护佑家族、降福赐吉、除病祛灾和保风调雨顺、富贵吉祥等功能。"② 虽然在藏彝走廊文化圈中，普遍存在中柱信仰和祭祀仪式，但每个民族的解读方式和祭祀仪式都受到本民族宗教信仰的影响，呈现出各具特色的差异性文化。对于洛西村藏人崇拜"博嘎"或者"中柱"来看，中柱本身没有诸多文化内涵，但它被赋予了保佑家族和消除家庭灾难的意义。通过每一次的简单仪式，"博嘎"或者"中柱"成为神圣的象征符号，也是通过这种方式，家族成员对中柱神圣性的观念逐渐被强化，从而产生家庭内部的整合和团结。中柱崇拜和祭祀仪式虽然是家庭观念浓厚的主要表现③，但"博嘎"或者"中

---

① 刘朦：《云南古羌支系各族建筑中的中柱起源探析——主要以彝族、藏族为例》，《理论界》2015年第3期。
② 周家喻：《"黄佤"中柱崇拜和祭祀仪式的象征人类学解读》，《民族论坛》2008年第4期。
③ 同上。

柱"作为单独的崇拜对象,可体现出家庭内部男性的绝对权力,并通过中柱崇拜和祭祀仪式来强化家庭观和父权认同。

三 建房时的"仪式过程"

自然环境和"中心文化"是影响每个社区文化的重要因素,为社区文化的形成和演变提供了文化背景。洛西村祖先虽然是从四川巴塘迁居的"移民",但对于建筑格局,这里既没有巴塘藏人的建筑风格,也没有香格里拉地区的艺术风格。他们在几百年前,迁到纳西族聚集的塔城一带,为了融入以纳西文化为"中心"的塔城一带社会文化,接受了纳西族的建筑风格。段缓滋在《中甸县志稿》中写道:"藏族住宅均为四橾楼房,其建筑法,与西式建筑相同。先将下层修造完备,再修造第二层,俟第二层造竣,视其力量,再造第三层。在四五层屋顶,多系平掌,可供眺览,可晒根食。一、二两区(层)四土质较松,多于平掌上架一闪片及顶以复护之,周围土墙坚厚,最能持久。下层为牧畜所居,绝不住人。凡火房食寝经堂、客厅、喇嘛净室、储藏室、厕所俱在上层。其有三层楼者,则经堂、客厅及喇嘛净室必在第三层楼。"① 显然,洛西村建筑风格不仅与周边藏族不同,与纳西族建筑风格也有一定的区别。据纳西文献记载,早期的纳西族祖先与藏族牧区生活较为相似,即"男人搭帐篷,女人来烧火"②的生活模式。逐渐地,村民的迁徙和自然环境的变化使纳西族的居住模式和生活方式也发生了相应的变化,产生了现代意义上的"三坊一照壁""四合五井天""前后院""一进两院"等建筑格局,也能充分体现纳西本民族的艺术特点,这是纳西族人们经过漫长的历史过程,

---

① 段缓滋:《中甸县志稿》,云南民族出版社1986年版,第85页。
② 习煜华、赵世红:《东巴经卷》,中央民族大学出版社2009年版,第5页。

第三章 仪式容量：族群认同的文化表征

从畜牧业生活模式转型为农业生活模式的历史见证。对于洛西村，至今为止，村民仍然坚守着祖辈留下来的这块土地，他们居住的自然环境和生活模式没有发生太大变化，可他们的农牧兼营的生活模式出现了严重的"内卷化"。

在洛西村所看到的房屋，从外观上来看，看似简单，但在房屋修建过程中完全能看到这个村落的邻里和亲朋好友之间的"互惠"关系，以及每一项仪式对房屋所赋予的神圣性。

洛西村建新房，既热闹又苦恼。如果有一户人家要修建房子，首先让木匠把柱子和大梁等削好，主人家再前往达来寺，让达来寺僧人算卦。通过僧人的算卦来择一个吉日，一般是每月的初一、初八、十五等。等选好日子，便通知亲朋好友或外村亲戚。

修房那天，邀请过来的外村帮手和同村的人都不约而同地来到主人家。主人家要做好一切的准备，比如所有削好的原木材料、房子的地基、所有帮忙人的伙食等。过来帮忙的人年龄不同，主要跟主人家的亲疏有直接的联系，帮忙的人会陆陆续续地来。主人家必须要当场割一只鸡的喉咙，血淋淋的鸡立马会窒息。有人马上把鸡血点在每根柱子的根部，这场简单的仪式也就这样结束了。

仪式结束后，人们开始栽放柱子。栽放完柱子，须安放横梁，此时又需要举行一个既简单又复杂的仪式。团结和睦的一对夫妻爬在两根柱子的上面，还有一对夫妻留在地面。横梁的两头套上绳子，爬在柱子上面的一对夫妻用力拉横梁，地上的一对夫妻配合上面的人，用力往上推。在大家的帮助和吆喝下，横梁马上能安放好。房子的整体框架建起以后，盛有清水的几个饮料瓶紧贴着横梁中间被悬挂起来。通过大家的共同努力，修建完毕后，帮忙的人会在主人家吃晚饭，有时候喝点自家酿的白酒，润润口就起身回家。

图 3-4 盖新房

建造房屋不仅是村民互惠的具体表现，也是技术和仪式相结合的艺术实践过程。"互惠"在他们的房屋建造过程中无处不在，他们所建立的"互惠"关系是维持秩序及稳定社会关系的纽带。一旦失去了"互惠"关系，象征着两家虽然同住一个村落，但两家之间几乎失去了联姻或者经济上的互助等关系。

案例 3.2

登珠，男，55 岁。他讲，我们家房子是前年修的。我家没修房子之前，家人帮他们修建过房子，说白了这是个人情账。等我们家修房子时，提前给他们打电话通知。如果确实没能来，都会找一个合适的时间来弥补的，村里人都是这样。

至于建房时在每根柱子上点鸡血的习俗，村里人说不出让人信服的理由，但从多年传承的情况来看，这是村民修建房屋时不得不举行的一项重要仪式，不举行这项仪式，房子就是多根削好的木头相接而建起的建筑物，住在其空间中往往不会有安全感。换句话说，不举行仪式的房子就是失去"文化背景"的建筑物，每个家庭成员对其不会产生神圣感。很多世界民族中也存在这种"点鸡血"的习俗。泰勒在《原始文化》中写道："贝宁的西非黑人情况类似，他们把雄鸡作为牺牲献给自己的偶像，但只给它血，而肉则由他们大多数喜好吃肉的人自己获得。"[1] 鸡作为家禽，它的圈养花费不仅小，而且它的宰杀给家庭带来的损失也比较小，所以鸡在每家每户突发性祭祀仪式中起到了重要作用。在突发性仪式中宰牛、羊、猪对家庭带来的损失比较大。但杀鸡献祭既能减少家庭损失，又能起到仪式的"效果"。血液是每个高等动物体内循环系统中的主要的红色液体，它作为祭祀食品奉献给神灵，甚至无形的精灵也被认为能够使用它[2]，从而血的实际接受者赠送给他们更多的"关怀"，也对"房屋"赋予了更加神秘的仪式效果。同样，洛西村的"点鸡血"仪式也是比较明显的"通过仪式"和"强化仪式"合二为一的文化行为。

案例3.3

泽仁，男，28岁，系土生土长的洛西村人。据他讲，我们家房子是2013年建的，由于家人都很忙，所以没时间去请木匠装修。准备在明年（2015年）装修。虽然我不知道横梁

---

[1] [英] 爱德华·泰勒：《原始文化》，连树声译，广西师范大学出版社2005年版，第705页。
[2] 同上。

上悬挂的那瓶水是什么意思，可这是习俗，前人们是这样，我们也只能照办。按照老人们讲，这瓶水必须是九条沟的水。

图3-5 横梁上悬挂的水

藏族历算中火的克星往往是水，水能灭火。按照这种观念，悬挂在横梁中间的"特殊"清水也是一个象征性文化，很显然象征着不同水沟的河水有不同的消防功能，也能给整个家庭带来幸福和快乐。由于洛西村的居住环境比较特殊，原始森林覆盖着每家每户，一旦发生火灾，全家人在劫难逃，所以他们对火灾非常敏感。在这种地域文化心理暗示下，人们难免会产生行为上的条件反射。久而久之，脱离火灾的希望便在仪式中呈现出来，以其来"镇宅"。

家庭空间作为家庭内部每个组员之间的交流平台和亲属关系的制造场所，家屋的建造和其过程中进行的仪式在一定程度上，强化了每个家庭成员对家屋的神圣感，进而加强家庭内部的凝聚力。假如没有举行"房屋"仪式便失去神圣性，其"房屋"不具备"向心力"的文化功能，从而家庭内部便不存在同甘共苦、为了家庭利益而牺牲自我的心理。

小结

洛西村所举行的"祭灶神""祭博嘎"，以及建造房屋时的仪式都在家庭内部公共空间中完成和传承，通过仪式的文化行为来建构一个家庭内部的神圣性，并且在仪式过程中参与者有意强调它们的重要性。在洛西村家庭组织结构的运行过程中需要通过"灶神"或"博嘎"来建立家庭成员之间的利益平衡点，这些简单的仪式一旦消失，家庭内部就会分裂。在仪式过程中，家庭是举行仪式的小型文化单位，每个家庭成员都是承担某一种灾难的特殊群体，为了捍卫自家利益和抗拒灾难，形成一个以"神"为中心或者纽带的小型团体。

另外，在仪式过程中，"中柱"是洛西村家庭内部的崇拜对象，也是以祭祀仪式来强化家庭和父权认同的内在机制。

第二节 从地面到天界的"亡灵"

供品是祭祀过程中具有"贿赂"性质的文化符号。人与神、人与鬼之间建立什么程度的"互惠"关系取决于供品的好坏与多少。以"供品"为核心的祭祖先、山神、鲁康等文化行为是洛西村又一种文化组成部分，虽然藏区很多地方都有祭祖先、山神等文化行为，但与洛西村相比有很大的差异。

一 祭祖先：永久的追忆

祖先崇拜是藏汉两种文化中普遍存在的文化现象，尤其是在汉文化中更加明显，几乎都是以祖先来维持家庭或宗族内部的社会结构。现阶段在藏文化中反而祖先崇拜或祭祖先的习俗并不多见,即便是有也主要集中在相对边缘或者多民族杂居区域,特别是在藏汉文化交融地区尤为普遍。

对于藏族文化中祖先崇拜的由来,其年代比较久远。藏王赞普聂赤赞普①为止,天葬是当地普遍流行的丧葬方式。《藏族葬礼的起源探析》中写道:"天葬是藏族先人没有实行土葬和水葬以前的古老的丧葬习俗。"② 也是早期藏族天赤七王③时期的丧葬仪式。在天葬理论体系解释的影响下,没能产生一个系统化的祖先崇拜习俗。随着文化自身的变异和发展,藏族社会中出现了土葬,土葬为祖先崇拜创造了一个重要的理论根基。"为了表现对死者的敬畏和记住他们的英勇之气,他们作战时用过的兵器作为他们的随葬品进行埋葬。但藏族的土葬与我国回、汉等民族的土葬观念有所不同。藏族早期土葬跟水葬一样具有一定的贬低性质,后来对止贡赞普进行土葬后,土葬成为了国王和英雄人物的葬礼。"④ 土葬的产生为藏族祖先崇拜的形成提供了依据。

祖先崇拜与族群的灵魂观有直接的关联。如果没有灵魂不灭的观念就不会有祖先崇拜。色音在《祖先崇拜的宗教人类学探析》中写道:"由于有灵魂不死的观念,产生了那种向祖先赎罪的需要。另外,在几乎所有的例证中,对于祖先的崇拜都是在'更高'的神灵的旨意下进行的仪式活动。虽然鬼神的概念在祭祀礼仪实行后更加明显,但拜祖的动机不得不先依赖于鬼神观念的存在。甚至有人相信祖灵是天帝和其子孙的中介人,他们有降福和降祸

---

① 藏语为 gnya – khri – bdzan – po,藏族历史上第一位赞普或者国王。
② 夏吾交巴、东周加:《藏族葬礼的起源探析》,《四川民族学院学报》2012 年第 2 期。
③ 藏语为 gnam – kyi – khri – bdun。
④ 夏吾交巴、东周加:《藏族葬礼的起源探析》,《四川民族学院学报》2012 年第 2 期。

第三章　仪式容量：族群认同的文化表征

的权力，所以子孙不祭或得罪祖灵者必受其惩罚。"① 佛教没有传入之前，藏族人的死亡观及灵魂观极其特殊，尤其是永记吐蕃王朝时期国王们的恩德，修建壮观华丽的墓地，世世代代敬拜他们，这是藏族祖先崇拜的雏形。大臣、勇将以及其他的民族英雄等逝世以后，通过一定的仪式把他们敬封为"山神"或者"地域神"，这些"世间神"是灵魂不灭观最直接的表现形式。在藏区某人去世后被封为"山神"或者"地域神"既是值得庆幸的事，又是非常糟糕的事。因为，很多"山神"都是罪孽深重的人去世以后变成厉鬼，往往祸害当地民众，于是会请一名德高望重的喇嘛来降服此妖魔鬼怪。喇嘛依着慈悲心，不会将他打入地狱或者永不超生，便把他封为"山神"来造福当地百姓。从而"山神"和百姓之间达成了共识，"山神"永远"保护"供养它的民众，民众也义无反顾地去"供养"他们的"守护神"。"因战争、判刑、事故等死亡而怀着怨恨的人，死后在很多人的祭祀下而比较快地成为御灵神。还有一些尽管生活在现世，却经过严酷的修行以及修炼巫术而被当作神来加以供奉的宗教徒，天皇也曾经被视为'现人神'。"② 在这种原始信仰理论和地域文化心理暗示下，"山神"信仰延续了"祖先崇拜"的文化内涵，也就是说从扩大化的宗族崇拜演变成了山神信仰的一系列仪式过程和祭祀方式。

此外，姓氏是祖先崇拜的另一个文化表现形式。通过姓氏来延续祖先的香火，是重要的文化象征符号。断了继承人就意味着姓氏消失了，姓氏消失了就意味着祖先的延续或者威望没有了。自公元 7 世纪佛教传入藏区后，佛教教义打乱了藏区传统的灵魂观，从灵魂不灭理论"更新"为"来世"或"转世"理论，其理

---

① 色音：《祖先崇拜的宗教人类学探析》，《内蒙古师范大学学报》2012 年第 3 期。
② 同上。

论的出现既促进了藏族传统文化的发展，同时也消灭了很多传统。古时期，藏族六大姓氏和多种支系对藏族社会有一定的影响。然而，佛教轮回观的传播动摇了藏族祖先灵魂不灭观念。由于"祖先"和"姓氏"是始终捆绑在一起的家族内部机制，随着祖先灵魂不灭观的"倒塌"，"姓氏"功能便逐渐减弱，从而"姓氏"和"祖先灵魂不灭观"在藏区逐渐销声匿迹。但在边缘地区，因周边族群文化频繁接触或融合等因素，至今仍流行着"祖先崇拜"的习俗。

洛西村作为藏文化和汉文化、纳西族文化的交融地带，除了其底蕴为藏文化的独特性之外，还有很明显的纳西族文化和汉文化的涵化①过程。洛西村祭祀文化中所体现出来的是"祖先"的"制度性"祭祀和"山神"的"随意性"祭祀两种仪式，两种仪式对家庭和村落等社会组织起到了不同程度的文化"效能"。

洛西村的祖先崇拜具有很明显的"制度性"特点，虽然整个仪式过程较为简单，但在时间的选择上具有明确的灵活性，祭祖先的时间主要在春节、农历二月八日、清明节、杀年猪这四天。

《中国社会中的宗教与仪式》中写道："在中国，祖先崇拜本质上是种敬礼行为。很多人定期向不是他们家系的成员供奉祭物，有时甚至供给很远的亲戚，但是没有人会考虑祭拜孩子或者孙子。虽然人们不愿意去细想这个可能性，但所有人都同意父母要抛弃青少年儿子的亡魂，而非自己去祭拜他们。'父母永不会祭拜他们的孩子，孩子应该祭拜父母'。"②洛西村的祖先崇拜与其他民族的祖先崇拜之间有所区别，他们的祖先崇拜既没有祠堂，没有一

---

① 涵化是两种或两种以上文化体系在特定的区域内相互碰撞和影响而造成的单向或者双向的大规模文化变异。

② ［美］武雅士：《中国社会中的宗教与仪式》，彭泽安、邵铁峰译，江苏人民出版社2014年版，第164页。

个固定的祭祀公共空间，也不通过祭祀"远祖"来延续和强化族源关系，只是祭祀"近祖"或者"一代人"来维系和强化情感关系。祖先灵魂不灭观是祭祖活动的基础，家庭集体在参加其仪式过程中，通过"想象"祖先灵魂的喜怒哀乐来构建祖先权威，是被仪式化的亲情纽带。① 这不仅是以祖先的权威来维系和强化家庭内部成员与其逝去近亲祖先之间的关联，还是维系和强化参加仪式的家庭成员之间的关联和相互认可。

二 祭鲁康：水资源的"提供者"

藏语中的"鲁"（klu）在汉语中译成"龙"，但藏语的"鲁"与汉语的"龙"之间有很大差异。"鲁"的内涵极其复杂，群体比较庞大，包括无形的人、龙、蛇、青蛙、鱼类等。然而，汉语语境下的"龙"只是单一的神异动物。丹珠昂奔在《藏族文化发展史》（上）中写道："龙是一种生活在地下的神，有精灵性质。有人认为藏文中的'鲁'（klu）便是汉文的'龙'，我以为不然。汉文中的龙是具体形的，有鳞及须、五爪，可以兴云致雨，而藏语中的'鲁'所指较为模糊，仿佛泛指地下的，尤其是水中的动物，诸如鱼、蛙、蝌蚪、蛇等。"② 虽然"鲁"和"龙"在藏汉文中互译，但藏语语境下的"鲁"包含"龙"，"龙"是"鲁"的一个组成部分或者是一种"亚群体"。

一般情况下，藏区很多地方的山神"管辖区"或者"居住点"与"鲁"的"居住点"之间有明确的界限。山神往往"居住"于山的制高点或者村落的后山，或某个山丘等。而"鲁"居

---

① ［美］武雅士：《中国社会中的宗教与仪式》，彭泽安、邵铁峰译，江苏人民出版社2014年版，第257页。
② 丹珠昂奔：《藏族文化发展史》（上），甘肃教育出版社2001年版，第201页。

住于某个泉水边或者茂密的灌木丛，或某个小型的土堆等。霍夫曼在《西藏的宗教》中写道："有一本苯教著作上说，龙住在像猪鼻子似的坟堆上，像卧牛的山上，也住在柏树和云杉上，也住在双山、双石和双冰川上。"① 显然，"龙"的最初居住点主要集中在河流和湖泊，甚至是井底。由于"鲁"信仰体系的发展和完善，以及佛教传入藏区以后，藏传佛教解释下的"鲁"更加具有神秘性。在《论藏族龙神崇拜的发展演变及特点》中写道："龙神是财富的象征，是一切财富之源泉。所以龙神又是财神，它守护着地下的秘密财富。"② 古印度人普遍认为他们社会中具有价值的财宝几乎都在大海里，他们为了打捞这些财富也付出了很多性命的代价。随着佛教的传入，这种观念加诸居住在河流或者湖泊当中的"鲁"，但在藏文化中"鲁"始终没有变成财神或者替代财神的位置。早期的"鲁"普遍居住于河流和湖泊，没有一个专门的居住地，因此其既没有明确的形象，也没有明确的"属地"。经过漫长的演变，"鲁"的居住地也从河流或湖泊"搬迁"到陆地，从此"鲁"成为一个具有两栖性质的神异动物。于是它自己也有了一块属于自己的份地，"被分的这块土地"尽管只有几十平方米，但它与民众的关系更加"密切"，对它的敬畏也更加"制度化"了。但"鲁"的具体神形方面仍然处于模糊状态，这有可能与它的组成部分的复杂性有直接关系，当人、龙、蛇、蛙、鱼类、蝌蚪、小虾等多种形象出现的"亚群体"组成一个庞大的"精灵社会组织"时，便很难有一个统一的具体神形。在社会文化中很模糊或者"不确定"的神形反而更能强化和约束人们的行为。

---

① ［德］霍夫曼：《西藏的宗教》（内部资料），李有义译，中国社会科学院民族研究所1965年，第5页。
② 魏强：《论藏族龙神崇拜的发展演变及特点》，《青海民族大学学报》2010年第3期。

第三章 仪式容量：族群认同的文化表征

由于洛西村地理环境及居住条件的特殊性，"鲁"与山神两者的"居住点"之间存在"交集"。在洛西村"鲁"的居住点被统称为"鲁康"，藏语为"klu – khang"，"鲁"是"龙"的意思①，"康"有"房子"之意，也是"鲁房"的意思。在藏语语境中，"康"（khang）是指一个小范围的建筑物，它是一个有限的地理范围。然而，"鲁康"作为"鲁"居住的地方，不同于山神的"居住地"。山神所住"圣地"（gnas – ri）的边界比较模糊，范围也相对较广。相反，"鲁"的"居住地"在其"名义"上限定了它的活动范围。

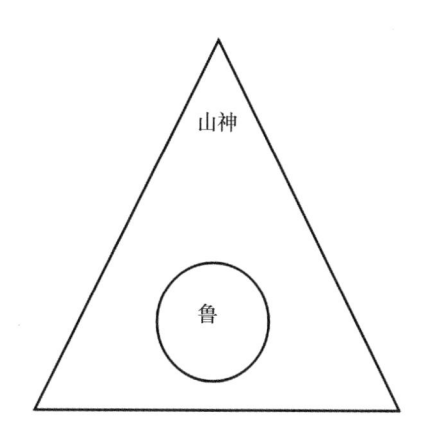

图 3-6 山神居住点与鲁地的"交集"

洛西村家户几乎都位于朝东南方向的一条山脉上。离村落最近的山丘是整个洛西村祭山神的地方，家户散居在神山的"怀抱"里，山神时时刻刻都在"保护"着每一位祈祷者。对于住在山坡上的每个家庭来说，水资源是极其重要的生存要素，所以每家每户都有意识地紧靠着一潭小型泉水居

---

① 虽然藏语中的"鲁"与汉文中的"龙"之间有文化差异，但为了更好地理解"鲁"的语境，在此把"鲁"翻译成"龙"。

住。随之这潭泉水也成为家庭的一部分，家庭与泉水之间建立了"互惠"关系。只要家人对"鲁康"（klu–khang）供养得比较周到，"鲁"也会为家庭"提供"源源不断的水资源。

由于某种原因而使"鲁康"的水资源枯干时，主人会请一位僧人，在"鲁康"边洒"龙药"（klu–sman），举行各种宗教仪式，请求"鲁"们开恩，不要让泉水枯干来惩罚其家庭的过错或者照顾不周之罪。同时寻找新的一潭泉水作为主人家的水资源，并请一位僧人对新的"鲁康"进行开光或加持。通过僧人举行的简单仪式，新的"鲁康"和家庭之间结缘。枯干的"鲁康"和新的"鲁康"都养育过家族的每一位成员，所以为了报答"鲁"的养育之恩，每月的初一、初五、初十、十五、二十、廿五等日子家人都要到"鲁康"旁去祭祀。祭"鲁康"的仪式也比较简单，当天家里的其中一人拿着柏树叶和少量的糌粑，到"鲁康"边，点燃那些柏树叶，再把那些少量的糌粑撒在凶猛的火焰上，等糌粑烧完，再去别的"鲁康"边。重复的仪式，对于"鲁"来说简直是一顿"美餐"。

家人或者其他村民在特定的"鲁康"居住点内不能为所欲为。"鲁"的凶猛及其"易怒暴躁"的性情始终让村民们产生无比的恐惧感，一般不能在"鲁康"周围大小便，也不能砍伐"鲁康"周围的每一根树木，更不能在"鲁康"周围"屠杀"蛇、蛙等动物，因为他们都是"鲁"。一旦触犯了禁忌，"犯者"就会遭到"鲁"的"报仇"，其后果非常严重。"犯者"或者其家庭中的任何一个成员会得病或者瘫痪，遇到这种情况往往马上邀请僧人来念经，赎罪来"缓解"病人的痛苦。

在洛西村,"鲁康"出现得比较频繁,只要有人家,就会有"鲁康"。能不能继续受到"鲁"的"关怀"直接关乎到家庭的延续和生存,所以他们之间必须要"和谐"或者以"互惠"的方式保持这种联系。

案例 3.4

据平措讲,如果村里有人要安新家,首先必须要选好建房的地点。所谓地点主要还是看水源,家屋要靠着水源而建,但也不能太接近水源。因为水源是"鲁"的居住地,所以不能挖土平地作为房子的地基。我们村几乎每家都有两三个"鲁康",如果受到天气和环境等因素影响,"鲁康"的水干了,人们就会请僧人念经,通过洒"龙药"(klu-sman)等仪式,想尽办法让水源重新恢复,但是由于种种原因,"鲁"不想提供水资源,也不能遗弃干枯的"鲁康"。

图 3-7 "鲁康"与蓄水池

"鲁康"对洛西村每家每户的生存和延续起到了重要的作用，每家人的"鲁康"被视作不能忽略的"凶猛之地"。谁触犯了"鲁康"的禁忌，他或家人当中的其中一人会遭到"鲁"的报复，为了"迎合""鲁神"的意愿，村民们不得不按时祭祀"鲁"，从中"获取"鲁的"恩惠"。

案例3.5

> 鲁康是每家每户都有的，如果他人不小心在我家鲁康那边砍树或者挖土，他们不会受到惩罚，反而自己家的人会受到惩罚，所以要请僧人来念经，对鲁赎罪。

"鲁康"和村民的房屋都是居住意义上的公共空间，但两者的文化内涵较有差别，"鲁"作为"被供养者"，它是村民们构建出来的想象的群体，村民们有意识地制造出这种特殊的群体与自身家族的命运联系在一起，建立一个无形的"互惠"关系。这种"互惠"关系的建立中透射出"鲁"对家庭提供源源不断的水资源的同时，家庭赋予了其一种无形的神圣性，并对其产生无比的敬畏感和多种禁忌。通过敬畏感而产生的禁忌是家庭必须要遵守的，否则家庭的每位成员都会遭到"报复"。恐惧感使家庭成员组成一个"团体"，共同面对或敬畏"鲁康"等神灵，从而强化了每个家庭成员对家庭的归属感和认同感。

三 "日桑"与山神

"山神信仰"是在苯教与藏传佛教影响下藏区普遍存在的信仰模式。山神信仰有同样的文化功能，也有文化共同性下差异分化的现象。藏语中的"杰拉""西达""域拉"等术语在汉语中被翻译为"山神"，汉语语境下的"山神"是指"住在山里的神"，而

第三章 仪式容量：族群认同的文化表征

在藏语语境下的"杰拉"①是指"自己出生地的神"，即"家乡神"；"西达"②是指"地方神"，"域拉"③是指"家乡神"。每个术语所对应的深层含义有所不同，虽然都指"山神"，但从藏语语境来看，"山神"的文化功能在不断地变迁。

从山神的起源来说，很多人都把"山神"信仰归结为"自然崇拜"。泰勒在《原始文化》中讲"万物有灵观的理论分解为两个主要的信条，它们构成一个完整学说的各部分。其中的第一条，包括各个生物的灵魂，这灵魂在肉体死亡或消灭之后能够继续存在。另一条则包括各个精灵本身，上升到威力强大的诸神行列"④。泰勒的"万物有灵论"打开了研究"自然崇拜"的通道，并用"万物有灵论"来解读任何自然现象的"崇拜"，其理论也成为藏区"山神"信仰研究的基础。《论藏族山神崇拜习俗》一文中写道："藏族先民认为，他们周围的高山都有威力无比的神灵在支配，或者说山本身就是神灵的化身。而那些直接干扰藏族先民生活和生产劳动的自然现象，则都是神灵所显示出来的神奇力量。在藏族先民看来神灵的喜与怒对他们的生产和生活都有直接影响，甚至能控制他们的命运。"⑤藏区"山神"信仰的理论基础是"祖先崇拜"。

石泰安在《西藏的文明》中写道："山神与世族谱系的创立者有密切的联系，人们一般都把它当作'祖父'来供养。"⑥由此

---

① 藏语为"skyes – lha"。
② 藏语为"gzhi – bdag"。
③ 藏语为"yul – lha"。
④ ［英］爱德华·泰勒：《原始文化》，连树声译，广西师范大学出版社 2005 年版，第 349—350 页。
⑤ 魏强：《论藏族山神崇拜习俗》，《中央民族大学学报》（哲学社会科学版）2010 年第 6 期。
⑥ ［法］石泰安：《西藏的文明》，耿昇译，中国藏学出版社 2005 年版，第 230 页。

可见，"祖先崇拜"和"山神信仰"两者是时间上的延续而产生的差异分化。"祖先崇拜"是指坚信家族已故的某一个具有影响力的成员给整个家族或者家庭成员的生活带来一定影响的民间信仰体系。经过"祖先崇拜"理论的完善和体系化，"个人祖先崇拜"升级为"家族祖先崇拜"。"家族祖先"最终成为"村落或者地方祖先"。"村落祖先"最初是以无形的"居住"方式存在于村落的任意一个公共空间中，苯教和佛教的文化解释是，"无家可归"的"祖先"们在村落自己的辖地内割让一部分土地，"安顿"在其内，成为一个"正规化"的"神灵"。就像《藏族的山神信仰》中"大山有大山神，小山有小山神"①的说法，与山神本领和威力之间没有直接的联系，这主要关乎山神本身的修行或佛学造诣。

虽然洛西村山神信仰与其他藏区山神信仰模式之间没有根本性的差异，但从祭祀仪式过程和社会历史记忆的角度去分析，有很多细节上的不同之处。洛西村山神信仰体系中能体现出一定的等级分化现象，在山神祭祀仪式中也能体现出一定的文化等级现象。洛西村山神的"社会组织"较为复杂，对于村落来说"日吾奔松"山神是主山神，每个村民丝毫不敢对其有任何怠慢和亵渎。"日吾奔松"意为"三兄弟山"②，"日吾"为"山"的意思，"奔松"为"三兄弟"的意思。其山神的影响仅次于梅里雪山。③另一位山神则是"扎嘎"山神，藏语为"brag－dkar"，意为"白

---

① 张宗显：《藏族的山神信仰》，《中国西藏》2005年第6期。
② 藏语为"ri－bo－spun－gsum"。
③ 梅里雪山位于云南省迪庆藏族自治州德钦县境内西部横断山脉的怒江与澜沧江之间。藏区被称为"卡瓦嘎布"，藏语意为"白雪"。当地人把"卡瓦嘎布"称为"梅里雪山"，"梅里"是德钦方言，藏语为"sman－ri"，意为"药山"，因山上盛产各种贵重药材而得名，全长共有150多公里，平均海拔6000米以上，其主峰海拔高达6700多米，是云南省第一座高峰。

崖"山神①。"白崖"山神虽然在洛西村洛中名声较大，但村民对它的敬畏程度远远不如"日吾奔松"山神。还有些村民对它置之不理，是因为自家的"岗"在一定程度上成为每一个家庭或家族的象征。"岗"在藏语中写为"sgang"，具有"山丘"之意，被称为"岗"的"山丘"是每家每户的象征符号。当分新家时，首先要请僧人确定自家的"鲁康"和"岗"。"鲁康"对于自己家庭来说，关乎家庭成员的生活生存问题，而"岗"关乎消除每个家庭成员的一切灾难，所以两者对洛西村人来说缺一不可。

图3-8 "扎嘎"或"白崖"神山

"白崖"山神作为洛西村的另一位山神，对于神山周围的多数家庭来说，它以"岗"的身份深入其他家户当中，也是不能缺少

---

① "扎嘎"山神，意为"白崖"山神，其山崖位于洛西村落中心，也是洛西村唯一家户比较聚集的地方，十几户人家围绕着"白崖"而居住，也是洛西村唯一能见到的大型山崖。山崖高有七八十米，宽约有三十米。"扎嘎"神山在茂密的老树中显得格外陡峭，在两者极度融合与默契下，使洛西村更具画面感。

仪式与族群认同

的文化表征符号。一座"岗"往往将一个家庭或者多个家庭①联系在一起,组成一个亚群体。另外,每家每户的"桑孔"("桑孔"藏语为"bsang – khung"),具有"煨桑炉"之意。每家每户在自家的"制高点"或"干净"地点修建一个高 0.5 米,长 0.5 米,宽 0.3 米左右的长方形泥土小屋,是专门祭祀山神的煨桑炉。"煨桑炉"以家户为单位,是每天早上家户都要做的第一个"功课"。

图 3 – 9　煨桑炉

村里人几乎都是七点左右起床,尤其是女性起得稍微早一点。女性起床生火使火塘房内的气温上升一段时间后,男性们会陆陆续续地起床。其中一人洗完手,拿点之前准备好的柏树叶或者松树叶,前往煨桑炉边,将树叶置于煨桑台中点燃。几分钟内,树叶在熊熊的火焰中烧成灰烬,白烟从煨

---

① 多个家庭指一个家族,洛西村的社会内部组织比较简单。基于耕地分布情况,兄弟姐妹分家后,一般会选择居住在老屋周边,并把原有的"岗"封为自己家的"岗",但若自己有能力开垦,就会另择他地建房,重新选择自己家的"岗"。

桑炉的上方随着清风，冉冉升起，很快把天和地连接在一起，似乎把山神的空间和世人的空间融为一体。这种"简单"的仪式在每个人的记忆中不知重复了多少次，但仍无一人厌倦这种仪式，并每天早晨都会实践和延续。

"岗"作为与家庭单元有直接联系的文化符号，农历每月初一、初五、初十、十五等日子时，每家每户都派一人到自己家的"岗"边煨桑，煨桑的具体仪式和操作过程非常简便。松树叶点着，将少量的炒青稞和糌粑撒在火中，火熄灭后再返回，这统称为"岗桑"，意为"山丘上的煨桑"。

"日桑"是突破家庭或家族界限需要全村人参加和举行的集体仪式。"日桑"藏语为"ri–bsang"，"日"意为"山"，"桑"具有"煨桑"的意思，是"高山上的煨桑"的意思，它与"岗桑"的语境之间恰好有"山的高低"的区别。"岗"即"较低一点的土丘"，"日"即"高一点的山"，所以"岗桑"与"日桑"之间存在语境的差异。

"日桑"的仪式操作过程与以往的家庭式"煨桑"和"岗桑"不一样，一年只会举行一次。举行的时间为大年初一。大年初一早上，每家派一位男性到"日吾奔松"神山"居住地"或者"拉则"①边，拿着几根结有白色毛绒的竹子，把这些竹子插在旧有的位置上。然后，围绕着"拉则"，从东边开始依次在四个方向煨一堆小型的"桑"，人们高喊"拉杰洛"②的祈语。四边的"桑"烧完，人们开始陆续回家，准备去享受甘醇的斯里玛酒和美味的猪肉。

---

① 拉则，藏语为"lab–dze"。
② 拉杰罗，藏语为"lha–rgyl–lo"，意为"愿诸神胜利"，此祈语普遍运用于各大藏区举行的煨桑仪式中。

索端智在探讨藏区山神时写道："守护神信仰这种集体表象背后，是社区人民应对现实社会诸多焦虑的一套文化机制和社会对自身的一种分类意识。人们对山神的信仰其目的并不是超自然本身，而是假借超自然的力量观照社会，人们最终所关注的是社会和人事的实际问题。"[①] 然而，洛西村"煨桑"意义所呈现出的具有等级性质的民间仪式过程构建了的山神"社会组织"与村落内部社会结构紧密的相互映照关系，体系化的山神"社会组织"是村落社会文化深层结构的"平面图"。

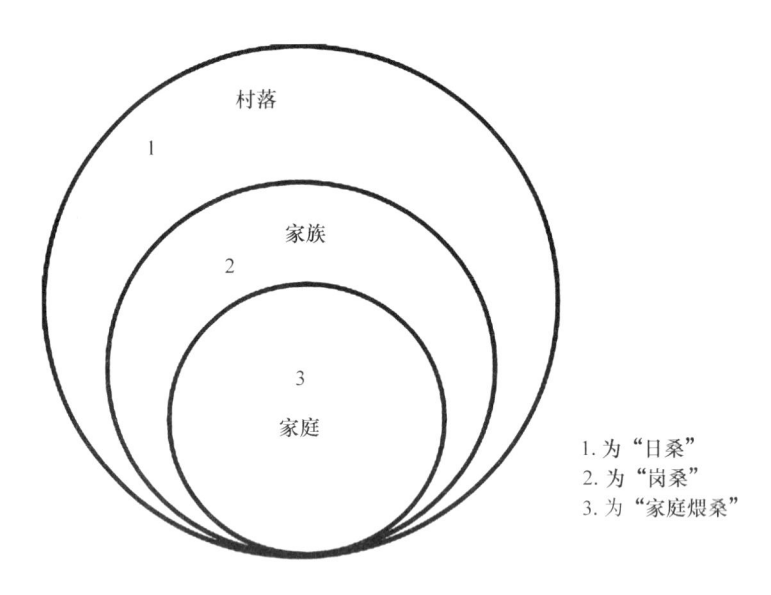

图中标注：
- 1 村落
- 2 家族
- 3 家庭

1. 为"日桑"
2. 为"岗桑"
3. 为"家庭煨桑"

图3-10　山神与社会结构的认同关系

在藏区乡土社会中，"山神"与"措哇"或"德哇"总是"相依为命"，形成一个统一的隐形"社会组织"。在其文化现象的影响下，"家庭煨桑"始终是规模最小的山神祭祀仪式，也是通

---

① 索端智：《藏族信仰崇拜中的山神体系及其地域社会象征——以热贡藏区的田野研究为例》，《思想战线》2006年第2期。

过家庭为单位的仪式实践过程构建家庭内部认同的最基本体现。"岗桑"是家庭内部社会关系扩展到血缘关系集体认同的重要标志,"日桑"则是以村落为单位的祭祀仪式。王明珂认为:"同心圆式的核心是'自我'或者本人所属的最小家庭单位,外围则是一层层由亲而疏的本家族人、本寨人、本村人。"① 从"家庭—家族—村落"的不同仪式容量的祭团单位所实践的是"家庭煨桑—岗桑—日桑"的祭祀仪式,其阶序关系的祭祀仪式能体现出村落内部认同的层次性。共同祭祀一个主神的"祭祀圈"所建构的具有等级或阶序的社会组织在山神祭祀仪式中强化了村落或社区的凝聚力和认同感。

四 祭"乔达":与神的"沟通"

"乔达"为藏语 mchod – stegs,具有"供桌"的意思。"供桌"的文化功能与山神信仰截然不同,在藏区神灵系统中分为"世间神"和"出世间神"。"世间神"往往是山神、鲁、年等,它们具有凡人一样的七情六欲、喜怒哀乐,甚至更加狡诈。它们与凡人之间一般只有"互惠"关系。人们供奉各种祭祀物品后,可以向它们请求,僧人对它们只拜不跪。对于"供桌"而言,山神和"鲁"等诸"精灵"组成的"亚群体"没有资格享用供桌上的供品。

在洛西村"乔达"一般位于火塘正上方的任意一个墙角。"乔达"的结构非常简单,通常是长 80—90 厘米,宽 30—40 厘米,高 100—110 厘米的木柜,其内可置放糌粑、酥油、茶叶、食盐等日用品。"乔达"的上方一般会供插有柏树叶的两只瓷瓶和铜碗、茶碗、小型香炉等物品。

---

① 王明珂:《羌在汉藏之间——川西羌族的历史人类学研究》,中华书局 2008 年版,第 71 页。

扎识，55岁，洛西村人，爷爷是纳西族人。虽然他有纳西族的血统，但他对藏族具有很强的认同感，始终认为自己是个正统的藏族，他的唯一爱好是喝酒。不过每天早上七点左右他会起床，他要做的第一件事是"煨桑"，之后坐在火塘旁，他在被熏黑的铜碗里装满干净的水，再在类似于酒杯的一只小碗中盛满早上新熬的茶水，最后拿出香炉，从预先准备好的香木枝上削一点木削撒在香炉中的火炭上，浓烟滚滚而上，这时早上的任务便完成。

虽然不需要指定一个人去完成这些仪式过程，但他们家的"实践者"一般是他本人，在他出远门等情况下，他的纳西族老婆会替代他做这一切。下午或者晚上时，他将铜碗等器具里边盛有的"圣水"倒在火塘边，便把器具倒扣在"乔达"上方。这样的程序年复一年地做着，成为他们生活中不可或缺的习俗。

"乔达"是洛西村人在信仰公共空间中"级别"较低和神圣性较弱的，每一个"乔达"一般对应着一个家庭，每一位家庭成员都通过家庭中的"乔达"而获得安全感或借此与神"交流"。在某种程度上，以家庭为单位的"乔达"信仰空间与村落集体的"白塔"信仰公共空间的串联，将每个"乔达"所代表的每家每户的小群体归属感或"凝聚力"提升为以"白塔"为代表的整个村落的集体性归属感和"凝聚力"。"白塔"作为洛西村人的村落信仰空间，其神圣性和文化功能往往比不上洛西村人共同信仰的达来寺。达来寺把村落的集体信仰空间组合在一起，统一建构一个空间上的"共同体"，其围绕着达来寺的信仰而产生一种自发的情感依附或者归属感。

第三章 仪式容量：族群认同的文化表征

案例 3.6

多杰，49 岁，系洛西村六组人，现有一男一女，女儿在塔城乡中学上高一。据他讲，"乔达"上的这些柏树叶和其他物品一年更换一次或清理一次，时间一般在过年前，但没有一个统一或者规定的时间。

"乔达"作为专门供佛的平台，是普通家庭的庙龛。但若家里有人出家为僧，一般会修一间单独的佛堂来供养佛法僧，以便提升自己家的地位。"乔达"作为供佛平台，与祖先祭拜场地有所不同。"佛"在为其专门修建的屋内供台上接受公开的祭祀，并且在祖先留下的重要场所和家庭供桌上接受私人的祭拜。相反，祖先在屋外或者被认为是其藏身的危险之地接受公众的供品，在房子周围的某处获得私人的安抚。

案例 3.7

何茂贵，男，50 岁，洛固村村委书记。据他讲他老爸是达来寺僧人，今年五月去世了。"文化大革命"时期还俗以后，一直在家务农。宗教信仰自由政策执行以后，他重新前往寺院，可这时的寺院被毁得片瓦无存。在他老人家的努力下，从各方筹集善款，重新修建了寺院。在整个过程中他的功劳是最大的，在寺院中也是最有威望的。因为这样我家里供有佛堂，不过我们村子里有佛龛的家户很少，除非他们家有喇嘛（喇嘛指普通僧人）。

"乔达"是与火塘相对应的家具，也是每家每户都必须具备的一个"储藏柜"，是家庭成员信仰的公共空间。供养的"出世间神"往往通过"乔达"的公共空间来实现来世的幸福。洛西村人对"乔达"信仰空间的经营与建构以及对神灵系统的推崇，不仅是信仰与被信仰的关系在"乔达"公共空间上的互惠，也体现了人与神灵在精神世界交流与碰撞的文化现象。①

图3-11 火塘上方的"乔达"或者供桌

白塔是整个村落的公共空间，佛龛对洛西村家户来说可有可无，但相比之下佛龛的神圣性远远高于"乔达"。"乔达—佛堂—白塔—寺院"不同等级的公共空间把不同等级的社会组织有机地联系在一起，从而整合出具有不同社会功能的"亚群体"。"乔达"或者"佛龛"作为产生家庭认同的文化表征，是最基本的社会单元组织中不可或缺的一部分。如果"火塘""山神""鲁康"能为现实的家庭生活带来幸福和安康的话，那么对"乔达"或"佛龛"的供奉则能让人消除对死亡的恐惧感和带来来世的幸福。

① ［法］劳格文、［英］科大卫:《中国乡村与墟镇神圣空间的建构》，社会科学文献出版社2014年版，第60页。

用"乔达"或者"佛龛"来维系家庭成员的情感和归属感,再把家庭中"乔达"所维系的每个家庭组合成一个村落或者社区性的社会组织结构。

小结

随着藏传佛教的传入,受轮回观念的影响,藏族原有的以灵魂不灭观为基础的祖先崇拜受到严重冲击。处于藏文化边缘地区的洛西村祖先崇拜却仍在延续,但与汉文化中的祖先崇拜大有不同。在洛西村的祖先崇拜过程中不仅不需要任何祠堂之类的文化公共空间,而且具有一定的随意性。通常情况下,洛西村构建一个"想象"的祖先权威,来强化家庭内部成员与其逝去近亲祖先之间的关联,同时强化参加仪式家庭成员之间的关联和相互认可。在此基础上所建构的山神"社会组织"是村落内部社会深层结构的"平面图"。"家庭—家族—村落"的不同仪式容量的祭团单位所实践的是"家庭煨桑—岗桑—日桑"的祭祀文化活动的阶序关系,祭祀仪式是体现村落内部层次性认同的重要内在机制。

第三节 节庆:永久的祈福

洛西村的文化习俗与周围的纳西族有所不同,集体念经是洛西村最独特的文化活动。清明节与离他们村最近的维西县藏族习俗也有所不同。由于洛西村位于"藏彝走廊"文化圈,诸多习俗与周边地区也有很多一致的地方。

一 每月十五:诵经的旋律

洛西村是个集体信仰止贡噶举派的小群体。除了寺院的僧人以外，民众不会强调教派的界限。由于受达来寺的影响，藏族和纳西族都几乎信奉藏传佛教。每月十五的念经活动对于洛西村藏族人来说是个固有的传统，以前诵经的场地或者时间非常不固定。在翁雄活佛主持下，修建村落文化公共空间——白塔以后，每月十五的集体念经活动逐渐趋向正规化和制度化，尤其是在每年农历四月十五白塔修建纪念日期间，会举办较隆重的诵经活动。

2015年农历十月十五是笔者身处洛西村田野的一天。前一天我就开始盼望着村里举行集体诵经仪式。那天晚上我既兴奋又忐忑不安。兴奋的是在这样一个偏远地区能看到如此"隆重"的集体性文化符号，对于处于文化边缘或者文化杂居区域的洛西村来说是极具震撼力的。这是一个将信仰和村落认同合二为一的大型仪式。忐忑不安和遗憾的是我不能用文字来很好地描写在我眼前展示的这一文化景象。

为了能观察到集体念经的所有过程，十五日早晨八点我起来前往村落的中心——白塔所建处。经过半个小时的下山路终于到了白塔旁。白塔矗立在松林中间，四周的松树仿佛守护着白塔。从远处看，山坡上的白塔会吸引每个人的眼球。

白塔高有五米左右，塔底每一面长度约有两米半，面积约有六平方米。虽然这座佛塔并不算大，但它在洛西村民中的威望高于自家的"乔达"，也仅次于达来寺。白塔有东、南、西、北四扇门，从远处看根本看不出哪边是白塔的正面，只有在朝南方向有个石碑，这也是他们所说的白塔正面。白塔后方（北边）高处有个煨桑炉，每当农历初一、初五、十五等吉日时，每家每户都会在此处煨桑敬山神。以下是功德碑的抄录：

图 3-12　洛西村白塔

功德碑

山藏佛塔始建于清朝年代，历史灵塔雄伟庄严、辉煌灿烂，为弘扬佛教文化，继承和发扬传统的道德观念，伸张正义，除恶扬善起到了很好的作用。

二〇〇二年塔城洛固洛西六组信教群众要求恢复山藏佛塔，在丽江民宗局、丽江县寺管会、塔城乡党委政府以及翁雄活佛的大力关心和支持下，信教群众自发恢复、重建了山藏佛塔。现将捐款捐物的单位和个人名列如下：

单位：丽江县寺管会　人民币　贰仟元
　　　塔城乡政府　　人民币　伍佰元
　　　洛固村委会　　人民币　壹佰元、水泥叁拾包、
　　　　　　　　　　　　　　大米叁佰斤

防火线检查组　　人民币　贰佰元

　　洛西六组　　　　投工投劳488个工人

　　　　　　　　　　捐物折合人民币688元

个人：和耀城　　贰仟元　　秦朝钟　壹佰元

　　　和伟　　　伍佰元　　刘建勤　壹佰元

　　　余文义　　伍佰元　　和兴　　壹佰元

　　　和耀鑫　　叁佰元　　杨堂良　壹佰元

　　　和寿文　　贰佰元　　高山子　陆拾元

　　　和永兰　　贰佰元　　和绍兴　伍拾元

　　　通登茸布　贰佰元

洛固洛西六组

二〇〇二年五月十六日

十点左右，村民们陆陆续续来到白塔旁，先到的人不会等着其他人，他们一边转佛塔，一边念经。十点半左右，先后来了二十人左右，他们"合唱"六字箴言。六字箴言那整齐划一的动听旋律，回响在整个洛西村的山坡上。念经过程中，参与者们有序地轮流休息，但他们几乎不会停止念经的旋律。

案例3.8

扎巴，男，45岁，系洛西村人。据他讲，我个人只信佛教不信东巴教，但如果对纳西族人说不信东巴教，他们会不高兴的，所以会假装信东巴教。如家里有什么不顺，请东巴来算卦，他们有可能会算到一件很有邪气的物件上，这时其物件必须要送给他。请佛教僧人不同，只要家里有带邪气的物品，僧人们会通过念经和开光等一系列仪式来消除这种邪气。

佛教是我们藏族人的传统，所以信佛教是对的，东巴教是纳西族的宗教。我们这边办丧葬时比较麻烦，既要请东巴，又要请僧人。不过东巴可请可不请，僧人是必须要请的。

案例3.9

每月十五都会集体诵经。诵经的场所一般在白塔旁，诵经时男女老少都可以来。如果这一天有户人家愿意做东，所有诵经的人都会去他们家诵经，他们家会负责安排诵经人的午饭。如果没有，就会集体待在白塔旁集体诵经。诵经时，近期家事不顺或家里有人去世的人家会自愿供钱，同时参加诵经的人当中也有人会捐钱，凑足一定的钱之后，统一安排几个人去乡上买吃的或者喝的。

洛西村每月十五集体诵经活动是村落共同塑造的一种文化行为，因其文化功能的需要，洛西村村民在原有传统的基础上使其更加完善，强调村民自愿参加念经仪式，从而强化村民的集体意识和村民对村落的认同感，并强化他们的团结以及平时生活中的"互惠"关系。

二 清明节：祖先在"过年"

洛西藏族清明文化是村民从维西县巴珠村迁到现在的居住地以后的两百多年历史中"发明"的传统文化，其中也能体现出以藏文化为文化底蕴的纳西族文化符号。清明节是汉文化中举足轻重的文化行为或者文化符号。在藏文化中没有解释清明节时间和具体仪式活动，因此在清明节是什么、怎样传过来的等一系列问题上，村民都几乎一概不知，在他们的印象里，清明节只是用猪肉和糌粑为主的食品来祭祖先的日子。

仪式与族群认同

因为纳西族是人们相互往来比较频繁的族群，再加上玉龙县塔城乡是纳西文化比较浓厚且典型纳西族聚居区域，所以洛西村藏族文化在塔城一带反而被边缘化，也在纳西族强势文化的外力作用下，洛西村藏文化受到一定的"压制"。为了文化适应，寻找一种文化的契合点，人们不得不通过文化的"妥协"来建构两个族群相互对话或者相互融合的点。在某种共同利益下，为了实现族群对话而消除身份边界，但在集体的村落仪式文化行为中，反而会通过文化的特殊性来强化族群身份。

平措，一家六口人，孙女和孙子在洛固村委会所在地上小学，经常在家的是他们夫妻俩、女儿和女婿四人。

对于"清明节"，村里没有一个专门的藏语名词去替代这一外来名词。当地藏语中仍用一个比较模糊或变音的"清明"来表达，了解"清明节"或者懂汉语的人几乎都能听得出来，他们说的是"清明节"。清明这一天全村人都在忙碌着准备这个节日，从村民的外表上来看，几乎看不出要过一个特殊的节日或者全家人要到野外去与祖先一起吃一顿特殊的"野餐"。

这一天全村人都像平常一样吃完早饭，有的在赶山羊，有的在赶猪，有些人在喂鸡。太阳从东方向冉冉升起，由于天气过于晴朗，直射的阳光让人难以睁眼。没过多久，阳光抚摸整个大地，气温逐渐回升，令人感觉不到冬天的寒冷。这时候平措终于准备了今天的"圣餐"。

他从仓库里拿出去年的腊肉，剁了一大块，放进火塘上方的铝锅里焖煮。这块肉也是清明节不可缺少的"礼品"，似乎缺少了这块肉，今天的节日就显得格外冷淡。上午十点半左右，全村人陆陆续续地前往各家的祖坟所在地。平措家是十一点出发，走之前准备了酿好的白酒和煮熟的猪肉、油饼、鸡肉等，家里有的好吃的几乎都带上了。经过一条弯曲的路，大概半个小时左右，到了平措家的祖坟所在地。平措把每一样食品裸摆在一个台阶上，嘴里在祈祷什么，而他的老婆在清除祖坟上的杂草。女儿和女婿去捡柴，准备起灶生火。由于每年都在此地举行这种"圣餐"，所以有一个现成的简单石灶。火点着后，他们用水壶熬茶。此时，祭祖先的仪式就这样结束了，他们忙碌着自己的午饭，从家里拿过来的食品都摆在他们前面享用。享用完所有的食物后，平措一家踏上了回家的路。

案例3.10

据平措讲，全村人都过清明节。虽然清明节没有春节那么隆重，但这一天人们还是比较用心。祭祖先时需要一点猪肉、斯里玛酒、白酒、肉汤、煮熟的米饭、菜、糌粑、茶等食物，并在祖坟上插一枝挂有白纸的柳树枝，然后从那些食物当中拿一点放在祖坟前，并在祭品前点一根香。之后，每个家庭成员都要给祖坟磕几个头。磕完头，每个家庭成员都在祖坟前许愿或祈祷，保佑家庭的幸福安康或者个人的幸福。

我们村的祭祖程序几乎都是一样的。到山上去祭祖先时统一地只祭自己的父母，其余的祖先不用祭祀。清明节祭祖仪式也是我们村的特色，维西县巴珠村没有清明节的祭祀仪式。

如果是下雨天，会在家做好一切准备，然后将物品背到祖坟那边。祭完祖先一起吃中午饭，并喝酒聊天后再回家。我们是很早以前从巴珠村来的，以前跟那里的习俗差不多，现在慢慢地倾向于接受纳西文化了。我们这边人去世以后，需要土葬。巴珠村那边是火葬，所以巴珠村没有清明祭祖先的习俗。

"祖先"与"凡人"在神圣的公共空间中"重逢"，喜欢吃猪肉的"祖先们"为了能"吃"上一块猪肉而前来与"凡人"共餐，其过程虽然划分了"祖先"与"凡人"的明确界限，但祖先的权威在家族或者家庭组织结构面前再一次展示了，以此来维系家族或者家庭内部的组织结构。

三　杀猪：亲朋好友们的夸富宴

"夸富宴"作为人类学术语，是莫斯、博厄斯等人类学家深入研究的文化现象。莫斯把"夸富宴"说成不惋惜以完全奢侈的方式毁掉积累起来的财富。[1] 美国人类学家哈维兰描述夸富宴时写道："在布列颠哥伦比亚印第安人中，夸富宴是最重要的社会性仪式。重大事件、权威人士的头衔、继承权和特权等都要在这种仪式上宣告。被请来的客人们为主人的宣告作见证使其合法化。在这样的宣告仪式中，主人要向所有的客人赠礼。每人收到一份按其地位高低配给的不同礼物。"[2] 夸富宴虽然是具有竞争性质的宴会，但从自夸狂的集体心理特征来看，夸富宴是表层文化现象，归根结底是资源的再分配社会体制，首领把集中在他手里的财富以不同的方式对不同的对象进行再分配。[3]

在青海藏族农区一带有杀猪的社会集体性活动，其社会活动跟洛西村的杀年猪之间既有相似点，也有一些区域性文化差异。

---

[1]　[法] 马塞尔·莫斯：《社会学与人类学》，佘碧平译，上海译文出版社2014年版，第179页。
[2]　[美] 哈维兰：《夸富宴》，秦学圣译，《东南文化》1986年第1期。
[3]　苑国华：《试论夸富宴现象及其人类学意义》，《百色学院学报》2006年第5期。

第三章　仪式容量：族群认同的文化表征

青海藏语中"杀猪"被统称为"dgun-sha"，意为"宰冬肉"。"宰冬肉"是因节气变化，在冬天天气比较寒冷时将肉保存。与"杀年猪"的意义相近，两者都是在冬天十一月、十二月之间。因为这时天气慢慢转凉，肉可以长时间存放，这也是过年和其他节日时为改善生活条件而准备的食物，但两者的具体操作有所不同。由于每个地区的生产工具和生活环境的不同，猪肉的加工方式也截然不同。青海藏区把猪肉直接冰冻，平时或节日时割一块肉来煮，煮熟后以"手抓"①的形式吃。由于"藏彝走廊"的气候比青海一带暖和，所以他们把猪肉沾在食盐中，之后悬挂在火塘上方，用烟来熏干猪肉。

杀年猪不仅是玉龙纳西族自治县洛西藏族村落的传统习俗，也是整个藏彝走廊文化圈中普遍存在的文化现象。除了猪的种类和养殖方法有所不同以外，在杀猪方式、猪肉加工、文化功能上没有什么大的差异。按照每个地区气候条件的不同，杀猪时间也有所不同。洛西村的杀猪时间大约在公历十二月份，其间每家每户陆陆续续杀猪是因为天气变冷了，猪肉能够较好地保存。洛西村的杀猪仪式较为隆重。

杀年猪对于洛西村人来说，是一年之中最后的一件大事。因此杀年猪时一般选个吉日，然后向亲朋好友们通知杀猪时间。杀猪那天，被通知的人们也不会安排其他事。在洛西村这样资源匮乏的村落中，杀年猪是个地方性的"夸富宴"，也是亲戚朋友们团结携手共同完成一项"任务"的具体表现，更体现了一种"互惠"关系。洛西村人每家每户一般会饲养四五只生态猪。每年公历十二月份开始，村民们从别人家或者别的地方购买猪仔来填充

---

① 手抓是西北少数民族普遍流行的吃肉法。肉在清水中用文火炖一个小时左右后，捞起来放到大盘里，用手抓肉食用。

杀猪的数量。饲养猪比放山羊更加简单，也不需要那么多的人力。如果说养羊是洛西村人的主要经济来源，那么猪则是洛西村人全年的营养来源和不可或缺的食物。

杀年猪是体现亲朋好友或邻里乡亲们相互帮助和传承家族历史记忆及村落社会记忆的最好的集体性活动。杀猪那天早上，家里有笃信佛教的人往往会念经，点一盏酥油灯对即将要宰杀的猪进行一次人性化的心理安慰，尽管这些猪并不懂得人们所做的一切，但人们仍然尽量为减轻它们的死亡痛苦和指明死后的"安详之路"而虔诚地祈祷。宰猪时用长刀直刺心脏，猪将会一刀毙命，这是为了尽量减少它的痛苦。之后用开水烫去猪毛，一次又一次地褪毛和清洗，将猪洗得非常干净。再在杀猪人当中选一个有经验或者比较有福气的人来开膛破肚。不一会儿割头切尾、翻肠取胃，在大家的共同努力下，瘦肉和内脏分离，这一景象就像一群手艺高超的医生进行了一次外科手术。

格桑，洛西村人，选吉日准备杀年猪。杀年猪当天，他专门邀请我去参加并享用这顿美餐，我也没有拒绝他的美意，正好我想参加他们的活动。

杀年猪是当地极其热闹的社会活动，一般天一亮就会开始准备杀猪的前期准备。杀猪那天格桑家的成员都在七点左右起床，按照自己的能力去干不同的活，有些人在做饭，有些人在烧烫猪用的开水，有些人在做杀猪的场地，还需要点几盏酥油灯，为死者的亡灵指明一个阴间的"道路"。这一切做好以后，等着帮手一起杀猪。八点半左右，几天前打电话通知来的每一位帮手在腰间挂一把带有刀鞘的砍刀。慢慢地聚了七八人。在他们的商量之下，到猪圈在七八只肥猪当中选两只作为年猪。七八人一起涌到猪圈将猪提住绑起来，将

第三章 仪式容量：族群认同的文化表征

锐利的刺刀，直插猪的心脏，猪在他们手里显得非常无奈和可怜，没过一会儿两只猪便倒在他们的刀下。这两只猪像战利品一样，被抬到之前准备好的场地，在其身上浇开水。几分钟后，人们用钝刀或石头来刮肥猪身上的猪毛，几次清洗和重复净刮之后，猪毛将全部褪光。

其中有一位熟练的人将猪开膛破肚，其他人则翻肠取胃地依次处理猪内脏。杀猪过程不是一成不变的，虽有很多规定，但也有一定的随意性。在这个随意性当中也能体现出一些社会现象。杀猪过程中，男性一般是杀猪和剁肉的"主力军"，而女性做的事是清洗内脏和做中午饭等服务工作。内脏清洗完之后，他们将肉和皮剁成碎肉，并用白酒和花椒、食盐等调料搅拌成肉酱，将肉酱灌在猪肠子内就成了"藏彝走廊"中最有影响力的"猪香肠"。

做完这些已经到下午两点左右，帮手家里的其他人也会前往他们家，享用这顿美餐。他们进门时，不会空手而入，往往会带上一两瓶啤酒或者自酿的青稞白酒等礼物。这些礼物将会在吃晚饭时一起享用掉。男性们绕坐一圈，一边喝白酒或者啤酒，一边吃用鲜肉做的烧烤和妇女们做的各种菜肴。男性们吃饱了，会搬到一个暖和的角落里聊天喝酒，女性们便开始吃饭。男性们吃饭时女性们会服侍他们的一切，而女性们吃饭时，男性们只管默默无闻地聊天喝酒。

祭祖先同样是杀年猪社会活动中的重要仪式。杀完猪，灌完香肠，一些内脏和其他瘦肉必须炖起来分享给过来帮忙的人。在他们没有享用之前，格桑从各类器官上切一点肉，把这些肉拿到位置既高又干净一点的野外，依次放在地上。每类美食前面插一炷香，默念一段祈文之后回到屋中，与大家一起享用美餐。

在洛西村，杀年猪是一次重要的集体性活动。参加人数的多少或者杀猪过程中的社会分工能表现出一个情感维系的"精神社会"。"猪肉"在"精神社会"中起到纵向与祖先亡灵、横向与亲戚朋友连接的重要作用。

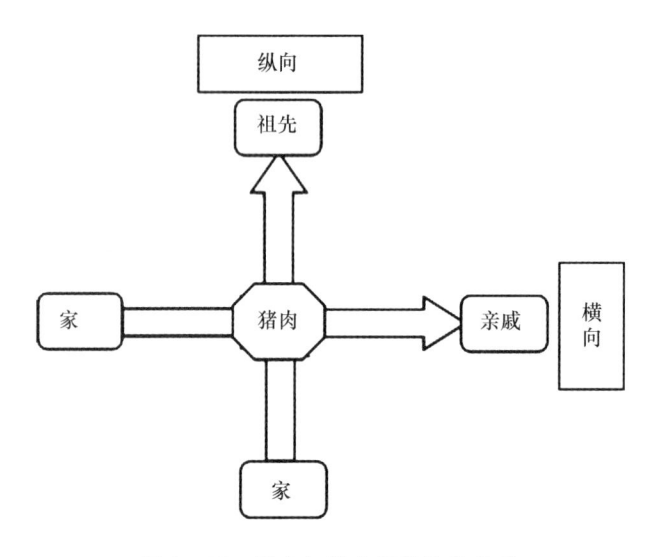

图 3-13 猪肉与社会组织结构关系

猪肉在"藏彝走廊"文化圈中既是重要的祭品，也是重要的食物。杀年猪与严格意义上的"夸富宴"相比虽然有很大的差异，但杀年猪过程中所表现出来的家庭对帮手们的盛情款待类似于夸富宴。主人有通过款待客人来提高自己的威望或者使自己优越于他人的心理特征。

案例 3.11

格桑，男 45 岁，洛西村人。据他讲杀年猪的帮手中多数是亲戚，还有一些邻里朋友，但这些人很少。杀年猪那天一般会一次性宰杀两三只猪。有些人会把一只或半只猪送给自己最亲的人。杀年猪当天中午吃饭时，只有那些为数不多的帮手（男帮手和女帮手）参加；吃晚饭时，人数比较多，会加入亲戚家的所有人。

杀年猪不仅是亲朋好友们共同完成和承担一件大事来表现集体力量的文化符号，也是聚在一起加深情感交流的文化行为。杀年猪中礼物的往来和互助关系能把一个群体维系在一起，从而加强他们的凝聚力。于是"杀年猪"与其所附带的文化符号，形成了小型社会群体，并在"互惠"和"情感交流"的影响下，产生一种认同，这也是家族或者亲戚的认同，对加强家族或亲戚的情感依附或凝聚力具有前所未有的促进作用。

小结

洛西村位于藏族边缘地区，其文化具有与众不同的多元特色。多元特色是在外在文化压力与内在"圆滑"文化心理的共同作用下形成的。村民本身的文化体系与新的居住地自然环境和周边族群之间建立关系具有一定的障碍，因此他们自觉把文化内部的诸多元素中"引进"周边纳西族等族群的文化元素，努力建构一个文化边界比较模糊的"群体"。文化边界的模糊使各族群的接触更加频繁，从而消弱了本来的"族群身份"。然而，族群身份的消弱也给洛西村村民带来严重的认同危机，于是他们"发明"很多传统来强化族群内部的认同感。

每月十五的集体念经和清明节、杀猪等仪式活动是其在文化心理暗示和认同危机下"发明"出来的洛西村文化传统。这些传统在很大程度上，通过在已故的祖先与村民之间建立一个"对话"平台来营造故人与世人、世人与世人之间的联系。在这个联系中"猪肉"起到了重要的作用。猪肉作为祭祀仪式中不可或缺的祭祀品或者食物，是家人与亲戚、家人与祖先之间"建立"关系的主要文化载体。举行某种仪式时，几乎都离不开"猪肉"和"糌粑"。尤其是每月十五和清明节，逐渐形成了"人神同粮"的文化境界。

以村落为单位的仪式服务于每一个村落社会组织的内部秩序，一旦超出了文化限定范围仪式就会失去其文化功能，并随之消失。所以，洛西村的每一个被仪式化的文化符号都成为个人与个人、家庭与家庭、家庭与家族、家庭与村落、家族与村落之间建立团结和睦关系的文化动力。

第四章　仪式的隐喻：构建族群认同

"族群"是通过被仪式化的文化行为来构建的"想象共同体"，通常通过强调族源、文化、地域边界来强化族群身份，其中族源认同是以血缘为纽带的"文化标签"。在洛西村仪式行为中注重强化祖先仪式，他们以祖先来重塑"集体记忆"，建立一个血缘上的共同体。语言和饮食作为文化组成部分，也成为洛西村族人区分"我者"与"他者"的主要标签，从而强化自身的族群归属感和文化认同感。

第一节　仪式与族源认同

洛西村村民是从其他地区搬迁过来的"移民"。他们为了不失去原有的"集体记忆"和"历史记忆"，与祖先的血缘保持一致，强调村落内部血缘的"纯度"。血缘的"纯度"是建立村落内部秩序的主要元素，仪式中往往会通过强调族源来区分"我者"与"他者"的族群边界。

一　被仪式强化的祖先

仪式作为传统文化的传承载体或者储存器，包括整个社区的知识体系、宗教仪式、民俗仪式、政治仪式、娱乐仪式、节日仪式等。一个家庭或者一个群体反复举行一个宗教仪式,是因为他们想用自己的力量来实现某种愿望或通过神秘的仪式行为来获得神明的启示及佑助。在一个制度性仪式或者社会义务性宗教活动中,其仪式已被赋予了这种价值和功能。当仪式举行时,它就会安抚心灵,从而消除生活中的各种焦虑,增强对某种事或物的信心,减轻个人的无形压力,因此而加强了信仰者个人和团体与神的关系,也加强了个人与神所象征的社会关系。①

洛西村各项仪式中唯独不能缺少的环节始终是祭祀祖先。与汉文化不同,祖先祭祀仪式不受时间和场地的限制可以随意举行,供品也没有一定的规格,平时家人所用的食品都能成为祭祀祖先仪式中的供品。

案例4.1

格木日,藏族,洛西村人。据他讲洛西村有很多传统的节日。虽然传统节日与以前相比有所变化,甚至有些节日完全不同了,但仍在延续。"文化大革命"后这些节日中断了很长时间,改革开放之后又重新恢复了这些祖先留下来的传统节日。由于中断时间过长使很多节日的细节没能如实地还原"到位"。话又说回来,只要这些节日能恢复就是好事,在时序的演进过程中细节的变化是难免的,但这些没变化或者有变化的每个传统节日几乎都离不开祭祖先。

---

① 周大鸣、何国强:《文化人类学理论新视野学术研讨会论文集》,香港国际炎黄文化出版社2004年版,第366页。

第四章 仪式的隐喻：构建族群认同

洛西村的每一项传统节日都对应着一个既简单又复杂的仪式。[①] 相对而言，传统和仪式是彼此不能分离的共同体，传统中包含了很多仪式，仪式是传统传承和实践的主要工具，深度分析和理解仪式本身的深层含义是对传统节日核心的理解。《人类学仪式的理论与实践》中写道："任何传统的意义与历史的价值都势必在仪式中获得生命力。强调仪式可以成为一种记忆、选择与划分原则。仪式又充当了一个制造传统与历史的工具。仪式是一种实践传统意义的手段和形式。"[②] 仪式作为人类社会的知识谱系或者"所构建的知识文本"，是整个社区的历史记忆和社会记忆的认知内容。洛西村每年有很多节日仪式，其中主要的祭祀对象或者供奉对象虽然不是家族祖先，但祭祀祖先是不能忽略或者不可或缺的仪式行为或者仪式活动内容的一部分。

"强化祖先"是由社区文化有意构建出来的仪式行为，此仪式行为具有一定的等级性，也就是仪式内容的"等级性"。仪式内容的"等级性"主要指洛西村村民在举行不同容量和不同层次的仪式时，家庭—家族—村落为单位的祖先祭祀具有"层次"和"等级"的不同"仪式容量"而形成的文化功能。举行家庭为单位的祖先祭祀仪式时，参加人员往往是家庭成员中的其中一人或者整个家庭成员，把两代以内的男性与女性祖先用酒肉来供奉，以期保佑家庭的各个方面，从而强化家庭内部的认同或者凝聚力。以家族为单位的祖先祭祀仪式与家庭的小型仪式相比，更具神圣性、节日性，以及更强的社会功能。从"仪式容量"来说家族举行的祖先祭祀仪式是两个或两个以上家庭共同举行的仪式行为。然而，

[①] ［挪威］巴斯：《族群与边界——文化差异下的社会组织》，李丽琴译，商务印书馆2014年版，第1页。
[②] 彭兆荣：《人类学仪式的理论与实践》，民族出版社2007年版，第2页。

这种仪式具有一定的规范性和时间的确定性，更加具有权威性，也能缓解家族内部的利益冲突和加强感情交流，还能促进家族内部的"互助互惠"和凝聚力。村落性的集体祖先祭祀仪式主要是指山神的祭祀活动，与家庭或家族祭祀仪式活动相比更加壮观，是全村人的集体行为。每年举行全村性集体仪式的次数较少，但具有严格的仪式过程和复杂的仪式细节。

尽管同一个仪式在不同时间段和不同社会中所起到的文化功能有所不同，但村民有意识地建构或强调仪式中的祖先。洛西村民非常重视祭祖先是因为其与他们的社会生活习惯息息相关。由于每一项仪式或文化象征符号都具有相应的生长背景和特殊的自然环境，其文化空间中建构出来的是具有同质性思维方式、生存方式、生活方式的"文化群体"。

洛西村的重要文化行为是家族为单位的共事现象比较明显，这种生活习俗的延续，强化了祭祀祖先仪式。洛西村的杀年猪或者修建房子、耕地、秋收等重大事件中，亲戚始终是主角，除了获得亲戚的帮助，其余的村民们不会兴高采烈地去帮助任何人。这是由他们的"互惠"关系范围决定的。

案例 4.2

达格，男，藏族，61岁，洛西村人。据他讲，我们这边很少有村民会相互帮助，这不是说村民们不喜欢帮助他人，而是历来比较注重家庭或家族为单位的活动。对于家族集体共事的活动会得到家庭内部的支持，但婚丧嫁娶时不仅受到亲戚的帮助，也会获得其他村民的帮助。

祭祀祖先作为家族内部"互惠"的内在机制，它对强化家族凝聚力起到了重要作用。家族内部"互惠"或"共事"为祭祀家庭祖先仪式赋予了强有力的神圣性，从而划分了与其他家族的界限。黄应贵先生讲"透过矮灵祭的执行过程，赛夏族不仅将分散各地的族人凝聚成为一个群体，同时，也透过仪式的象征实践过程，试图解决其与异族之间的矛盾冲突。透过仪式，他们建构并表达了赛夏族的族群与文化认同"①。赛夏族的矮灵祭与洛西村的祖先祭祀相比有很大的相似性。洛西村的祖先崇拜只会"记忆"爷爷、奶奶和父母等"近亲"祖先的亡灵，其能说明洛西村祭祀祖先并不只是取悦祖先的亡灵和继承祖先的香火，还通过祭祀祖先建立家族内部的情感交流或凝聚力。

二 仪式中的族际边界

"我者"与"他者"的族际边界是由"文化差异"而产生的。人类学家巴斯认为："不同文化的人员之间进行社会接触的环境也包括在族群边界维持的范围内，如果族群意味着行为上的标志性差异，即持续性文化差异，那么它作为有意义的单位就可以持续下去。然而，在不同文化的人员互动的地方，人们期望差异能够减少，因为互动既要求又产生了语码与价值观的一致性，换句话说就是文化的相似性或文化共性。"② 文化差异作为族群边界的主要特征，"我者文化"是通过强调"我者"来区别"他者文化"或"他者"的。彭兆荣先生在《人类学仪式的理论与实践》中写道："虽然'我者'的建立需要借助'他者'的参照比对方能完成，但是，这样并不意味着'我者的历史'不具备个性特征和自我负责的能力。事实正好相反，越是在与不同族群边界

---

① 黄应贵：《反景入深林——人类学的观照、理论与实践》，商务印书馆2010年版，第192页。
② [挪威]巴斯：《族群与边界——文化差异下的社会组织》，李丽琴译，商务印书馆2014年版，第7页。

的关系修建中越是需要强化某一个族群的认同。"① 然而,"文化身份"的内在因素直接产生了"族群身份"或"族群边界"的"我者"与"他者"。李立在《寻找文化身份——一个嘉绒藏族村落的宗教民族志》中写道:"族群身份认同取决于文化身份认同。"② 虽然"文化身份认同"是"族群边界"或者"族群身份认同"的内在机制,但文化往往是以"仪式行为"或"仪式活动"来展现的。对此彭兆荣认为,"通过仪式行为和活动来分析'社会'以及社会现象的自然特征。更晚近的解释人类学则在仪式符号的'隐喻性叙事'中发现所谓的文化'动力'"③。人类学把"仪式"看作"解构"和"重构"社会的"历史叙事"和"社会记忆"。

因资源匮乏而产生的资源竞争,使族群关系敌对化,从而产生强烈的族群身份认同④,这种械斗中的"应急仪式"或平时的仪式都在每个社会或文化背景中具有一定的"集体效益",在维护社会秩序和强化族群认同方面有一定的促进作用。

案例 4.3

次里,现年 55 岁,洛西村人。据他讲,在洛固地区,我们藏族人一般只信仰止贡噶举,纳西族一般信仰东巴,但由于历史原因纳西族也信止贡噶举。我们藏族人不能同时信两种宗教(佛教和东巴教),因为两种宗教所供奉的神有所

---

① 彭兆荣:《人类学仪式的理论与实践》,民族出版社 2007 年版,第 103 页。
② 李立:《寻找文化身份——一个嘉绒藏族村落的宗教民族志》,云南大学出版社 2007 年版,第 250 页。
③ 彭兆荣:《人类学仪式的理论与实践》,民族出版社 2007 年版,第 19 页。
④ 王明珂:《华夏边缘——历史记忆与族群认同》,社会科学文献出版社 2006 年版,第 137 页。

第四章　仪式的隐喻：构建族群认同

不同，这样会带来灾难。①

任何一种文化符号或者与其相对应的仪式行为都不能脱离社会或其文化背景。一旦脱离了社会或者文化背景，文化符号就会失去其存在价值。虽然仪式本身没有族际边界，但举行仪式活动时产生的文化或者价值观的差异给族群赋予了明显的边界，并通过文化的特征或文化符号来识别或者区分承载其文化符号的族群。②

生活在塔城一带的族群不会有意去强调族群边界，但由于文化的差异，勾勒出了既模糊又清晰的族群边界。在长期的历史交往中，一个族群成员与另一个族群成员之间的文化互动比较频繁，但仍然会保持各自族群的身份认同。藏族和纳西族在塔城一带的文化交流和涵化，使两族之间文化逐渐趋向同质化，这对弱化族群边界起到了重要的作用，但他们之间的族际边界仍然存在。巴斯认为，"一套规则控制着互动的社会情境，并顾及一些活动领域的融合，而对社会环境的另一套规则阻止了族群之间在其他领域的互动，从而使得部分文化避免了对抗和修改"③。洛西村藏族与其他纳西族村落之间的文化趋向同质化，但在婚丧嫁娶和细节性的仪式行为中能体现出两个族群文化之间的"连接"与"隔离"。这种宏观上的"文化连接"与微观上的"文化隔离"因素是形成文化多元的重要内在机制，也是洛西藏族与周围其他族群划分界

---

① 藏族人不能既信佛教又信东巴教是因为他们认为东巴教是苯教的一个分支，东巴教和苯教供奉的是辛饶米沃切或者丁巴什罗。虽然纳西族学者有意识地论证丁巴什罗和辛饶米沃切之间的不同点，但从丁巴什罗的有关传说和事迹来说，其与苯教祖师辛饶米沃切没有区别。对此纳西族学者许存仁的观点是"其实东巴教是苯教的一个分支，与苯教一脉相承"。其实东巴教中存在很多苯教的文化元素。于是，当地藏族人认为信了东巴教就等于信了苯教。

② [挪威] 巴斯：《族群与边界——文化差异下的社会组织》，李丽琴译，商务印书馆 2014 年版，第 3—4 页。

③ 同上书，第 8 页。

限的重要标志。

黄应贵在《反景入深林——人类学的观照、理论与实践》中写道:"不同族群文化或来自不同地方的人往往交错地生活在一起,加上象征性沟通系统早已超越人与人直接互动方式的限制,使得个人乃至族群日常生活的界限不再清楚一致,也使得他们所建构的区域认同或族群与文化认同,不再是以'边界'来认定,因而提供我们思考如何真正跳出巴特以'边界'界定族群的界限。"[①] 藏传佛教作为洛西村一带藏族和纳西族共享的文化传统[②],成为维系和强化宗教情感上的"群体",其群体也带来微观"文化因素"的差异,出现了"我者"与"他者"不同的"历史记忆"和"社会记忆"。

三 家庭到村落的社会建构

家庭是社会组织的基本单位,也是最小的仪式容量。家庭成员内部通过举行仪式来展现家庭的存在,每个家庭是祭祀仪式的直接承载者或载体,每一项仪式行为的如期完成对于整个家庭来说意义重大。仪式是实践者所在社区的"历史记忆"和"社会记忆",也是某个家庭的"文化储存器"。

> 扎石,现年56岁,说起当地藏族文化,他非常激动,并因身为藏族人而自豪。他们家除了过洛西村一带比较传统的春节、清明节以外,还会过二月八节日,并在当天用丰盛的祭品去祭拜祖先。虽然祭拜方式既简单又省事,但从中能折射出一

---

① 黄应贵:《反景入深林——人类学的观照、理论与实践》,商务印书馆2010年版,第195页。
② 周大鸣:《多元与共融——族群研究的理论与实践》,商务印书馆2011年版,第77页。

个家庭的"历史记忆"。其他村民却解释说,我们村不过二月八节日①,那是纳西族节日,藏族人不过这个节日。扎石家过二月八节日是因为扎石爷爷是纳西族。当年他爷爷是从其他村入赘到洛西村的,后来由于受到爷爷的影响,他们家留下了纳西族文化的烙印,从那时起就有了过二月八的习俗。

依赖于"历史记忆"的仪式在建构家庭内部秩序上起到了一定的作用。杜赞奇讲道:"'家庭'既满足了个人的自由和竞争意识,又在社会及祭祀仪式中保存了'大家庭'的荣誉。"②仪式是宗教或神秘巫术行为的"行动化",仪式表述不仅是"表述"或者"讲述",还成为一种展演性整体构造。每项仪式表述都强调在整体性表述功能之外,更为重要的是强调仪式"表述之外的表述",其表述通常是借助仪式的整体形式获得了超越日常生活各项表述以外的超常表述。这种表述借助祖先或祖灵、山神等超自然能力所产生的权威和权力,让仪式与其家庭联系在一起。

武雅士在《中国社会中的宗教与仪式》中写道:"'户'是政府登记的最小的社会地域单位,同样它也是被仪式所定义的。一个完整意义上的'户'不单是作为独立的财产和预算单位,而且还作为共同体中的一员的标志就是其家庭祭坛的设立。"③ "户"

---

① 二月初八是纳西族"三多神"的生日。"三多"是纳西族保护神,虽然纳西学者把"三多神"说成纳西族本民族的一个英雄人物。纳西学者许存仁讲:"据传说,吐蕃赤松德赞时期,邀请莲花生大师修建桑耶寺。其修建过程中受到妖魔鬼怪的破坏,白天修建以后,到了晚上时又被妖魔鬼怪所破坏,因此始终没能按期完工。于是请莲花生大师来降魔,'三多'是其中的一名妖魔鬼怪,莲花大师把它流放在丽江一带,所以成为纳西人的保护神。"

② [美]杜赞奇:《文化、权力与国家——1900—1942年的华北农村》,王福明译,江苏人民出版社2010年版,第68页。

③ [美]武雅士:《中国社会中的宗教与仪式》,彭安泽、邵铁峰译,江苏人民出版社2014年版,第110页。

或者"家庭"是仪式实践中心的地方共同地的重要组成部分，几乎每家每户都有一个祭祀的公共空间。不论家中所供奉的神是什么、祭的祖先是谁，对于"忠诚"的家庭来说，那些神明是固定的存在，每次重复的祭祖先仪式是为了对固定神明的重视。虽然"户"或"家庭"中所祭祀的祖先与村落集体性祭祀的神明有所不同，但可以说家庭祭祀或家庭所供奉的煨桑炉是村落集体主煨桑炉的分炉。王斯福在《帝国的隐喻——中国民间宗教》中写道："通过烧香以及把烧香当做媒介，一种社会的单位获得认同，其自身同时也获得了认同。一旦得到认同，作为主体，它便能够通过类似的仪式中介，对于他所挑选出来的单位相关联的拟定的情境产生作用。"[①] 家庭祭祀与村落集体祭祀、家庭分煨桑炉与村落主煨桑炉的"隐形连接"是建构"家庭内在秩序"与"村落公共秩序"之间的"文化纽带"。

从洛西村的"家庭祭祀"到"村落公共祭祀"的实践情况来看，"家庭祭祀"极其频繁，需要每天重复一次，这表明在交通封闭的文化区域内，"家庭"作为一个经济单位谋求生存的效能往往大于偶尔在村落公共空间举行仪式而建构"村落内在秩序"的效能。但村落作为族群文化的主要载体，每一个家庭成员也不能脱离村落社会，因此，每个家庭都选择一个吉日，通过这些吉日来强化家庭与家庭之间的感情或者消除他们之间的界限来建构一个村落的公共秩序。

小结

洛西村诸多节日仪式中的祭祀祖先是极其重要的文化行为。

---

① ［英］王斯福：《帝国的隐喻——中国民间宗教》，赵旭东译，江苏人民出版社2009年版，第151页。

祭祀祖先作为家族内部"互惠"的内在机制，它对强化家族凝聚力起到了重要作用。家族内部"互惠"或"共事"给祭祀家庭祖先仪式赋予了强有力的神圣性，从而划分了与其他家族的界限。家庭祭祀是祭祀文化圈中容量最小的祭祀仪式，家庭—家族—村落的祭祀仪式是建构"家庭内在秩序—家族内在秩序—村落公共秩序"的文化纽带。

洛西村习俗中，以家庭或家族为单位所建立的"互惠"关系比较明显，所以祭祀祖先仪式是维系"互惠"关系的内在机制，他们通过祭祀祖先的文化表征来强化其所带来的家族内部情感交流或凝聚力。

第二节 仪式与文化认同

洛西村文化与周边族群相比较为特殊，尤其是在语言和饮食、宗教信仰等文化符号上的差异，强化了洛西村族群的独特性。

一 作为文化承载单位的族群

族群是同一个社会中共享文化的团体，也是一个较大的文化或社会体系中具有自身文化特质的一种特殊群体。[1] 语言、服饰、宗教、饮食等文化现象是每个族群的主要特征，也通过这些文化特征的差异而产生了族群性。黄应贵认为，"族群性或者族群认同，在不同的文化里，有着不同的文化方式来建构及表达"[2]。族群或族群性是人们在互动过程中"制造"差别的主要表现。从文

---

[1] 周大鸣：《多元与共融——族群研究的理论与实践》，商务印书馆2011年版，第24页。
[2] 黄应贵：《反景入深林——人类学的观照、理论与实践》，商务印书馆2010年版，第191页。

化承载角度分析，用每个群体所展现的文化特质来分类族群是"形式上的差异"，其"形式上的差异"在某一个族群的"共时性差异"中完全属于"特征性差异"[①]。

某一个家庭发展成为绵延数代具有上千人的家族，不完全是由生殖繁衍所造成的生物群体，而是由其每个成员的"集体记忆"所构造的社会人群。"集体记忆"是维系社会"结构性失忆"的基础，通过"集体记忆"来构建一个亚群体，亚群体再次通过"结构性失忆"或者"选择性失忆"来虚构一个"亲属关系"。"由结构性失忆所造成的虚构性谱系，是重新调整亲族群体（分裂、融合与再整合）的关键。"[②]"结构性失忆"是一个群体为了迎合或者建构一个社会秩序而进行的有目的"选择性记忆"，主要倾向于历史或者文化记忆，对于文化的"选择性记忆"也是建构认同体系的重要标志。

然而，族群互动过程中自身的文化特质出现的"分化现象"保持了原来的文化面貌，于是在"他者"的文化视阈下，其文化与族群永远"捆绑"在一起，同时族群也成为其文化的唯一"享用者"或"承载者"。

（一）语言

语言是人类社会共有的属性，是某一个族群或者民族的显著特征。以洛西藏族而言，藏语是他们日常的交际和沟通工具，也是族群认同的边界和标志之一。张丽剑在《散杂居背景下的族群认同——湖南桑植白族研究》中认为："即使在现代科技日新月异的今天，语言仍然是人际联系、族际交往最直接的工具，所以，

---

① ［挪威］巴斯：《族群与边界——文化差异下的社会组织》，李丽琴译，商务印书馆2014年版，第4页。
② 王明珂：《华夏边缘——历史记忆与族群认同》，社会科学文献出版社2006年版，第30页。

第四章　仪式的隐喻：构建族群认同

语言具有明显的外在性和相对的稳定性。从上述两个意义而言，语言是座桥，即沟通有无、实现交往、文化传承的重要桥梁；语言又是一道族际交流的藩篱，即族群边界的重要组成内容。"[1] 语言与族群紧密相连是族群认同的基础。[2] 族群与族群之间最直接的区分标准是语言，通过语言的差异，划分"我者"与"他者"，这给族群的互动筑起天然的屏障，对族群文化起到了保护的作用，同时也通过语言来相互交流，促进两个族群之间的互动，所以语言既是一座桥，又是一面墙。

洛西村藏族人所操持的藏语为康方言中的香格里拉一带方言，与德庆县等地区藏语方言有较大的差异。平时他们在家庭内部主要使用藏语，于是藏语成为洛西村每个家庭的重要纽带，并且是传承各种文化的主要机制。周大鸣认为："从一个族群语词的语源和演变、造词心理、亲属称谓、姓氏等，都可以追溯其文化渊源，语言可称作是维系族群认同的明显成分。"[3]

　　我们是藏族，所以我们说的语言是藏语，与下面村的"姜盖"[4] 不一样，但我们村很多人也会说"姜盖"。即便说不好，也差不多都能听得懂。

相对而言，周边的纳西族人会说藏语的人很少，虽然洛西藏族人常用本民族的语言来排斥其他民族和团结族群内部人。总的

---

[1] 张丽剑：《散杂居背景下的族群认同——湖南桑植白族研究》，民族出版社 2009 年版，第 132 页。
[2] 周大鸣：《多元与共融——族群研究的理论与实践》，商务印书馆 2011 年版，第 15 页。
[3] 周大鸣：《中国的族群与族群关系》，广西民族出版社 2002 年版，第 9 页。
[4] "姜盖"为洛西村藏语，姜是藏语中的"ajang"，意为"纳西"，"skad"在藏语中意为"语言"，是"纳西语"的意思。

来说，他们还是失去了文化的主导权，于是，不得不学习纳西族语言来迎合纳西族文化。塔城一带藏族与纳西族的文化交流相当频繁，"只要族群保持高频率的交往和维持族群边界线，语言的维持就很重要"①。洛西村一带族群互动过程中，藏语对洛西村藏族人的身份认同起到了重要的作用。目前为止，藏语成为他们的"身份标签"，他们也通过藏语的使用来区分纳西族和白族等周边民族。

（二）糌粑、酥油茶

饮食是划分族群边界的另一个重要标志，也是维持族群关系的一种符号。在玉龙纳西族自治县，洛西村是藏族文化的拥有者，是周边兄弟民族心目中的"古孜"②。在他们的印象当中洛西藏族是喝酥油茶、笃信藏传佛教的人，而他们更加信仰东巴教。但在实际生活当中，文化边界相当模糊，笃信藏传佛教的不只是藏族，还有纳西族、白族等其他民族。然而，糌粑、酥油茶、藏语、藏装等文化符号成为划分民族界限的重要标志。这些对于洛西村藏族来说，不仅能解决生存问题，同时在与纳西族、白族的文化互动过程当中成为重要的藏文化符号，被赋予了族群认同的象征意义，也强化了族群归属感和文化认同，以及"我者"与"他者"的界限。洛西村村民扎石的一席访谈能让我们了解这一切。

> 我们是藏族，喜欢吃糌粑、喝酥油茶。只有藏族人才这样，周边的纳西族人不喜欢吃糌粑，也不会喝酥油茶，这也是两个民族最大的区别。

---

① 周大鸣：《多元与共融——族群研究的理论与实践》，商务印书馆2011年版，第15页。
② 古孜，当地纳西族等其他民族对金沙江流域藏族人的称呼。

第四章 仪式的隐喻：构建族群认同

由于族群本身建立在一个庞大的社会文化体系之中，故族群认同体系存在多样性，其中包括饮食的认同。虽然糌粑和酥油茶并不是洛西村人日常生活的饮食，但"我者"和"他者"都一致认为，糌粑和酥油茶是洛西村藏族人所特有的食物，而纳西族、白族等不习惯这些食物。因此酥油茶和糌粑的饮食习惯，成为区别藏族与其他族群身份或族群认同的标志，从而强化了洛西藏族群体的族群归属感和文化认同感。[①]

二 白塔：公共文化空间的象征

公共空间是某一个群体的物理空间中心，也是社会活动和主观心理的中心。从社会学角度来说公共空间包括场所及场所中的仪式行为，即族群内部的社会关系和人际交往结构方式，是体现公共价值和公共精神的主要文化场所。公共空间不仅是拥有固定边界的实体空间，也是一个被附加了许多外在属性的文化范畴。在传统社区中，公共空间是最具特色的公共文化空间和物理空间的有机组合，是族群历史记忆和社会记忆的一部分，对某一个族群文化的传承具有重要的意义。公共空间也包括神圣性公共空间和日常性公共空间、政治性公共空间等。

洛西村白塔是近几年建造的村落文化空间，是宗教信仰的象征，也是村落历史的标志。洛西村白塔和"附带"的村落主煨桑炉是制度化宗教和民间信仰在空间上的组合，从家庭内部的"供佛台"和"家庭煨桑炉"，到"白塔"和"村落集体主煨桑炉"，再到"达来寺"和"日吾奔松山神煨桑炉"等文化空间，是不同层次、不同时间中形成的文化公共空间。从地理和时间上来看，洛西村的文化空间是层层叠加的，每个文化空间之间具有一定的

---

① 刘志扬：《乡土西藏文化传统的选择与重构》，民族出版社2006年版，第189页。

仪式与族群认同

互动关系，文化空间的叠加也是协调家庭内部、家庭与家庭、家族与家族、家族与村落关系的内在机制。其中"白塔"和"村落集体主煨桑炉"是洛西村村民的认同边界，超越了其文化空间就超越了村落认同。

洛西村村民把家庭祭坛或者煨桑炉设在自家房屋居住点内，而白塔及村落主煨桑炉则建在村落的最中心，并由每月几次的集体念经和集体煨桑来不断界定和强化与其他村落的界限，从而形成以家庭"供佛台"和"家庭煨桑炉"为核心，以白塔和村落主煨桑炉为保障的地域乡村聚落空间模式。仪式实践者的家庭是以白塔作为其仪式中心的村落共同体的组成部分[①]，"白塔"是特定区域内有意建立的属于自身的文化空间，村民对其具有依赖性。以村民的烧香拜佛为手段，实现了文化空间与村落的结合，强化了文化空间在村落中的地位。

每月举行的宗教仪式对于洛西村人来说是社会生活中的重要组成部分，通过这些"社会义务性仪式"[②]来提升"白塔"的神圣性，其神圣性的强弱直接影响了村民对整个村落的认同。每个人对"白塔"越有神秘感，对村落就越具有强烈的认同感，反之亦然。洛西村的"家庭"和"村落集体"煨桑炉、"家庭供佛台"和"白塔"是文化共享的物理空间，也是村落集体的内核空间，其空间使整个洛西村人可进行集体行动，从而产生一种集体团结的感觉。尽管家庭与家庭之间存在竞争，但在公共空间的仪式中他们会遵守"舍去自我，实现大我"的原则，通力合作来完成每一项仪式。这种村落内部的团结不仅缓和了家庭与家庭之间的矛

[①] [美]武雅士：《中国社会中的宗教与仪式》，彭安泽、邵铁峰译，江苏人民出版社2014年版，第112页。

[②] [英]王斯福：《帝国的隐喻——中国民间宗教》，赵旭东译，江苏人民出版社2009年版，第1页。

盾，也能大大提升村落在整个区域中的地位和荣誉。

每逢节日，洛西村每家每户都派一人到作为村落集体文化空间的白塔前举行烧香拜佛仪式。这些仪式既是一个以家庭为最小单位，以村落整体性参加为主要内容的传统节日，同时也是整个村落的家庭与家庭、家族与家族相互沟通的集体过程。通过祭山神、转佛塔、念经，强调了村落的"内部性"，也强化了村落作为一个整体的"我者"认同意识，也增强了每个家庭或者每个村落组成个体作为村落组成要素"局内人"的归属感。①

洛西村公共文化空间是整合村落秩序和协调村落内部矛盾而集体建构的"内核空间"，其所举行的"社会义务性仪式"不是由村落中具有行政职务的村主任或者组长来组织，而是由村落中具有权威或年长的"乡绅"来统一组织，因此，这种仪式也随之成为"乡绅"们展示权威的最好场所。

三 文化边界：互为"他者"的差异

族群是在认同基础上建立起来的一个虚构的文化群体，文化在族群认同过程当中起到至关重要的作用。王明珂在《华夏边缘——历史记忆与族群认同》中认为："一个族群自我意识的产生，不只是由内部各群体凝聚而成，更重要的是内部的凝聚需赖外部敌对力量来促进。因此，'族群自我意识'与'异族意识'是一体的两面。"② 巴斯在探讨族群与边界时，认为族群与族群之间资源竞争的敌对关系强化了族群边界，但这种族群边界的基础还必须要回归到由文化差异而产生的"工具论"。文化差异是族群

---

① 刘志扬：《乡土西藏文化传统的选择与重构》，民族出版社2006年版，第106页。
② 王明珂：《华夏边缘——历史记忆与族群认同》，社会科学文献出版社2006年版，第138页。

之间最直接和主观的身份边界。尽管在现代文化大背景下，族群与族群之间的文化融合较为频繁，进而族群或民族身份界限显得非常模糊，但社区或村落在规定的时间内举行的集体性仪式是重新修复"自我意识"和强化族群认同的手段。因此仪式不仅是展示文化的行为，也是整合社会秩序的内在机制。

历史上，洛西藏族与周边纳西族等其他民族之间有很大的文化差异，但随着两者之间经济上的相互往来，促进了族群文化的互动与涵化。因此洛西藏族与纳西族之间并没有强烈的族群边界。他们一起干活、一起聊天、一起参加婚丧嫁娶仪式。族群意识往往通过仪式等文化行为的展示而逐渐增强，尤其是"集体诵经"等义务性仪式中，更加强调村落的整体性。对此他们会说：

> 这是我们藏族人的传统，每个月都必须要举行。不管怎样，闲着的人会到白塔那边去烧香拜佛和念经。虽然这几年村里人到外边务工相对比较多，所以举行宗教活动时参加人数比以前少了，但这些活动跟人数没有直接的关系。即便是参加人数少，活动会照常进行。

毋庸置疑，随着村民生活方式发生结构性变化，仪式行为或仪式活动也发生着相应的变化，但其仪式的文化功能仍在延续。周边纳西族人对藏族人的看法是：他们是"古孜"，与我们民族不同，他们笃信喇嘛教。

> 我们是纳西族，二月八日是纳西族人的传统节日，是纳西族保护神三多神的生日。纳西族每个人都会去祭拜他，但洛西村藏族人不会祭拜三多神。纳西族人也会信喇嘛教，但没有藏族人那么虔诚。

然而，被仪式行为强化的文化符号在族群互动中成为自然的身份界限，即便两个群体具有很多文化重叠现象，特殊的仪式所强调的文化符号依然能使融合中的某一个族群从整体的多元族群中有意识地分化出来，构建具有明显边界的"我者"与"他者"。纳西族把自己与当地藏族（古孜）区分时，将当地藏族置于整体藏文化体系中，通过强调藏文化特色来划分族群边界。

经过漫长的族群互动，藏族与纳西族组成了共同的文化圈，多民族文化相互接触，为形成一个"多元一体"的区域性群体认同创造了良好的平台。虽然"区域性群体认同"是在已磨合的诸多族群文化之上建立的，但是各自族群文化仍然存在各自的文化特色，这种文化特色恰恰是形成自身文化认同的基础。作为文化认同基础的文化符号，如果没有通过一个规范性的仪式行为或者仪式活动来展示，便不可能存在构建认同的功能。"被仪式化的文化符号"无意中强调了某一个族群的族群性和文化特征，于是，各族群之间的边界在模糊中显现出来。马建春认为"相互交往的族群总有一个在一定时期显示出强大，处于主导地位，其他族群则相对处于从属地位"[①]。族群认同是在族源和文化认同等多方面影响下建构出来的主观心理反映，它所表述出来的深层文化含义具有一定的层次性。纳西族占主导地位的文化被藏族涵化而形成一个区域性文化共同体，而没有消除的仪式化文化符号使藏族与纳西族的文化边界清晰可见。因此，融合中的"我者"与"他者"永久性地存在。

小结

语言、服饰、宗教、饮食体现了每个族群的主要特征，也是

---

① 马建春：《多元视阈中的河湟——族群互动、文化认同与地缘关系》，社会科学文献出版社2013年版，第365页。

仪式与族群认同

最容易区分"我者"与"他者"的客观"边界"。对于玉龙一带唯独说藏语、食糌粑、穿藏装①、笃信藏传佛教的洛西村藏族来说，他们通过这些文化符号来排斥异族并团结族群内部人群。在族群互动过程中，具特定的文化行为将会赋予族群认同，从而成为族群的"身份标签"。

第三节　仪式与地缘认同

与其他藏区相比，洛西村具有处于文化边缘和地域边缘的双重特殊性质，虽然两者之间具有文化共性，但洛西村落仪式过程中所强化的地缘认同更为明显。其实仪式参与者的地理空间与信仰空间之间相互对应，通过仪式的参与来确定地理边界。

一　仪式中的地域概念

仪式所强调的不仅仅是基于族源和文化符号之上的归属感，也能使举行仪式过程中村落的神圣空间与村落自然地理空间相互叠合。村落的信仰空间或神圣空间是可以无限扩张和缩小的空间概念，有时候它能成为文化实践者理解物理空间的方法。

洛西村最基本的核心单位是"堆"（dud）②，每一个"堆"的地理范围与具体的"鲁康"信仰空间之间建立了"互惠"关系。"鲁康"的信仰空间是家庭的地理空间边界，甚至涵括了其空间内建房子等各种权益。"鲁康"的"空间概念"虽然很小，但它是保护每个家庭的神灵，也是每个家庭的地理边界。以"鲁康"为代表的家庭地理空间的组合形成了以"岗桑"为文化符号的家族

---

① 当地穿藏装的人很少。
② dud 为藏语，有"户"之意。

第四章　仪式的隐喻：构建族群认同

地理边界。

另外，洛西村是以家族为单位建立"互惠"关系的特殊群体。村落的每项仪式行为和集体活动中，家族势力的影响尤为明显。在某种意义上，家族居住空间与家族信仰空间相互契合。"岗桑"是每个家族的中心，每家每户围绕着家族的"岗桑"而散居在其周围。实际上"岗桑"作为家族信仰公共空间或者文化空间，相对应的是家族物理空间。"岗桑"没有一个具体的地理范围，在村民的空间概念中，"岗桑"周围是自己家族的物理空间。因此，若没有经过家族的同意，不得在他人"岗桑"范围内举行任何仪式或砍树、砍柴等。家族物理空间是在"岗桑"为信仰空间的基础上形成的，并在每逢节日时举行的煨桑仪式中得以强化，从而形成了一个由山神所统辖的"日桑"信仰空间。①

然而，以"岗桑"为基础的文化动力既是家庭之间进行资源争夺的自然保障机制，又是阻止家庭之间发生大规模械斗的有效措施，它有利于村落的和睦相处。可见"岗桑"祭祀仪式是产生地缘认同的文化动力，是家族的地缘符号，也是确立家族内部地缘关系的最重要的神灵。每个家族的"岗桑"与"岗桑"之间没有等级关系，却有一定的空间大小。它们的组合形成了村落整体的信仰空间和与其相对应的整个村落的地理边界。就像潘艳勤在研究广西金龙县布傣村落的神圣空间时认为："布傣的信仰空间和他们的地理环境关系密切，信仰空间和村落的神圣空间互相叠合，信仰空间反映了村落自然的地理环境。"②洛西村的神圣信仰空间是村落地理概念的重要组成部分，其与村落实际地理空间完全叠

---

① 李菲：《嘉绒跳锅庄——墨尔多神山下的舞蹈、仪式与族群表述》，北京大学出版社2014年版，第217页。
② 转引自［法］劳格文、［英］科大卫《中国乡村与墟镇神圣空间的建构》，社会科学文献出版社2014年版，第232页。

仪式与族群认同

合，是村落自然空间的反映。虽然在仪式化的文化表述中，不会强调神圣空间的边界，但这些祭祀仪式恰恰反映和巩固了家庭地缘认同和在此基础上产生的家族地缘认同。

二 中心与边缘：文化的扩张与变异

每一个族群都有相对完整的文化中心，其中心既具有话语权，也具备霸权地位，它支配着整个文化的内在秩序和运作模式。同时，中心通过文化整合的方式将族群文化价值渗透到边缘，从边缘纳入中心的势力范围。[1] 洛西村村民讲到村落传统的风俗习惯时，总是用香格里拉或维西县巴珠村藏族作为主要参照物，因为村落的被仪式化的文化符号都是被移民带到现在的居住区域，所以香格里拉等地区的中心文化成为其支配和修复文化内在秩序的参考机制，有时候他们会模仿香格里拉等地的风俗习惯而"发明传统"。随着旅游业的发展，香格里拉等地的文化影响尤为明显，导致弱势或边缘的洛西村文化对香格里拉主流文化的依赖性更强。黄应贵认为："中心的人看边界，往往带有自我中心的独断视角，但位于边陲的人，则更容易考虑中心的想法，而产生比较的观点。"[2] 对于玉龙地区来说，洛西村是丽江市唯一的藏族村落，因此，他们自然而然成为当地藏文化的中心，也是藏传佛教、锅庄、藏歌等文化符号的"代言人"。

文化边缘和地域边缘的关联不是因为处于边缘地带而趋向文化边缘，也不是由于文化边缘而推向地域边缘，两者可以重合，也可以不重合。对洛西村而言，文化不仅显得边缘，地理位置更

---

[1] 吴其付：《中心与边缘互动的文化认同——以羌族旅游为例》，《广西民族研究》2009年第2期。
[2] 黄应贵：《反景入深林——人类学的观照、理论与实践》，商务印书馆2010年版，第194页。

为边缘。这种双重边缘使洛西村逐渐与中心文化拉开距离，与中心文化的边界也越来越明显。但它与周边纳西族等文化拉近关系，并使族群边界越来越模糊。

郭洪纪在《地缘文化与中华民族意识的认同》中写道："受地缘文化的囿限，人们只能在某一狭窄的地域范围生存，通过宗教、神话、祖先意识来强调一种族体忠诚，强化成员对共同体的认同意识，因而极易助长封闭和排外的倾向。"[1] 清晰与模糊的文化边界在被仪式化的文化符号中显得尤为明显，在文化边界的影响下塑造了文化中心和边缘，洛西村文化始终在整体的藏文化中若隐若现，形成一个独特的区域文化。

小结

在洛西村仪式文化行为中，"鲁康""岗桑""日桑"的祭祀仪式比较频繁。"鲁康"在每个家庭的实际物理空间中，全村每家每户的"鲁康"统一组成整个村落的信仰空间，而以"岗桑"为基础的家族物理空间是形成以"日桑"为基础的村落物理空间的重要组成部分。所以，在举行每项仪式时，通过仪式容量的大小，来强化或区分地缘边界所带来的族群认同。村民在平时的仪式过程中并不强调仪式的地缘认同，但其所举行的仪式背后存在一种深层的地缘边界，每一项仪式的信仰空间都对应着社会物理空间。通过仪式参与者在具体的仪式过程中强调家族或村落的实际物理空间来塑造隐形的地缘边界。地域边界具有一定的认同层次，家庭地理边界是产生家庭内部认同的主要因素，家族或者村落地理边界同样是家族或者村落内部认同的主要文化表征。

---

[1] 郭洪纪：《地缘文化与中华民族意识的认同》，《青海民族学院学报》（社会科学版）1998年第1期。

第五章　结论：认同的张力

首先，仪式与文化是相互关联的两个概念。仪式是文化符号的重要表现形式，也是文化的"储存器"，对文化的神圣性起到了重要的作用。文化不能离开仪式而独立存在，文化是通过仪式过程来体现其自身价值功能的。仪式是"社会文本"，为了协调社会组织结构的内在秩序，文化把社会各组织结构联系在一起，并协调社会人群的关系。

从整个洛西村生活习俗来看，人们通过仪式来强化具有层次感的认同。但是仪式容量和时间对社会文化功能大有不同，有些仪式过程较为简单，有些仪式过程较为复杂。简单的仪式在举行过程中参与者的人数也相对比较少。通常情况下以家庭为单位，看似简单的仪式反而举行的次数非常多。换句话说，越简单的仪式在平时生活中重复的次数越多，重复次数越多的仪式在生活中显得越有文化功能。

文化的概念非常广，也具有不确定性，这对理解文化本身产生了一定的难度。仪式视阈下的文化在仪式参与者推崇和社会组织结构需求的双重"动力"下，通过仪式来展示其价值及意义。只要仪式能延续和传承，那么其文化就会继续深入社会，并能发挥它所应有的功能。

其次，族群认同是一个族群所拥有的宗教、习俗、语言、族源等客观文化表征所赋予的情感依附。尽管语言和体质、宗教是族群认同的客观因素,但也对族群认同产生了最直接的影响,被仪式化的文化是区分"我者"与"他者"的边界,同样"我者"建立在"他者"的被仪式化的文化基础之上。

通过被仪式化的文化来强化认同感是社会组织结构中普遍存在的文化现象。实际上,文化是由每个社会组织结构的需求而产生的象征符号,并以仪式的复杂过程来激发参与者们的历史记忆或者集体记忆,让他们感受到"有难同当"的情感意识,从而建构一个"想象共同体",其共同体也是仪式的实践者或者参与者。

最后,文化的保护和传承是现代背景下人类社会所面临的普遍问题。为了防止传统文化消失,相关部门规定文化保护的相关措施,但文化消失仍然非常快。因此要依靠族群自身的社会组织或者强烈的认同感来维持文化传承,其中族群认同是文化保护最重要的工具。

在洛西村的历史中,经过几百年与纳西族等周边民族接触的过程中,其始终努力保持着族群原有的传统文化,他们日常生活中大大小小的仪式起到了重要作用。作为"社会文本"的仪式在举行过程中激发了整个族群的认同感,其认同感展示了文化的功能。

附录一 山神颂词

༄༅། །ཡུལ་ལྷ་གསོལ་མཆོད་བཞུགས་སོ།། (1a)①

ཡུལ་ལྷ་གཞི་བདག་ཐམས་ཅད་ཕྱག་འཚལ་ལོ།།

གི། སྟོང་གསུམ་ཕྱོགས་བཅུའི་འཇིག་རྟེན་ན།།

ཡུལ་རིས་ཕྱོགས་འདི་དག་གིས།།

གནས་པའི་ས་བདག་ཀླུ་དང་གཉན།། (1b)

ཡུལ་ལྷ་གཞི་བདག་འཁོར་དང་བཅས།།

རལ་འབྱོར་བདག་གིས་སྤྱན་འདྲེན་ནོ།།

འབྱོར་བཅས་གནས་འདིར་གཤེགས་སུ་གསོལ།།

ཁྱོད་ནི་རྫུ་འཕྲུལ་སྟོབས་དང་ལྡན།།

བར་སྣང་ས་གཞི་ཆུ་བོ་སོགས།།

བཟང་ངན་གཉིས་ཀྱིས་བཟུང་འབྲེལ་གྱི།།

འགྲོ་བའི་དོན་དང་སྟན་ཅིག་ཏུ།།

---

① 其藏文版山神颂词中虽然有很多错别字，但为了文本的真实性，没有修改错别字。

附录一 山神颂词

ཁྱེད་པར་ཡུལ་གྱི་གནས་མཆོག་འདིར།།
འབོར་བཅས་གནས་འདིར་གཞིག་སུ་གསོལ།།
ཡུལ་ལྷ་རྒྱལ་པོ་སྟོབས་ཆེན་ཁྱོད།།
འབུམ་གྱི་བཤོས་བུ་རྒྱ་ཆེན་དང་།།
རིན་ཆེན་འབྲུ་ཡི་གཡག་ཡུག་རའི།།
ལྷུག་སྟོར་རིན་ཆེན་མདའ་དར་དང་།།
ཕྱིས་མར་འབབས་ཤུག་བལ་པོ་དང་།།
རྣལ་འབྱོར་བདག་གིས་སྦྱིན་འདྲེན་ནོ།།
མཆོད་པའི་གནས་འདིར་སྒྱུར་དུ་བྱོན།།(2a)
ཅང་ཤུད་གསེར་སྐྱེམས་འབུ་འད་དང་།།
དཀར་གསུམ་དམར་གསུམ་སྨན་མཆོད་དང་།།
བཟང་གི་སྟོང་བཅུད་དུད་པ་དང་།།
བཤོས་བུ་བདུད་རྩི་བལ་མཆོན་དང་།།
བཤོས་ཆོག་ཁྲི་དཀར་སྟོང་ནག་དང་།།
དགའ་ཅིང་གཙང་མའི་སྨན་མཆོད་དང་།།
བདག་གིས་ཤུག་བསམ་རྣམ་དག་དང་།།
དུས་གསུམ་བདེ་བཤེགས་བདེན་པ་དང་།།
དེང་འཛིན་ལྷགས་ཀྱི་བྱིན་རླབས་ཀྱི།།
ཁྱོད་ཀྱི་དབང་པོ་སྟོང་ཡུག་ཏུ།།

· 159 ·

仪式与族群认同

འདོད་དོན་ལོངས་སྤྱོད་ཆེམ་གྱུར་ཅིག །

ཁྱོད་ཀྱི་འདོད་པའི་ཆེམ་ནས་ཀྱང་། །

བདག་ཅག་རྣལ་འབྱོར་འཁོར་བཅས་ལ། །

ནད་ཡམས་སྦུ་གི་འབྱུག་རྩོད་དང་། །(2b)

རྩྭ་སད་སེར་གསུམ་མ་གཏང་ཅིག །

གོད་ཁ་ཆོ་འཕྲལ་མ་གཏོང་ཅིག །

མི་ནད་ཕྱུག་ནད་མ་གཏང་ཅིག །

བདག་གིས་བསམ་དོན་འགྲུབ་པ་དང་། །

དཀར་པོ་དགེ་བའི་གདོང་གྲོགས་མཛོད། །

བསོད་ནམས་ནོར་གྱི་དངོས་གྲུབ་སྩོལ། །

ལྱུང་དག་གནོད་བྱེད་རྒྱལ་དུ་སྒྲོག །

བྱེ་དུ་འགྲོ་ན་བསུ་སྐྱེལ་མཛོད། །

བཙལ་བའི་འཕྲིན་ལས་གྲུབ་པར་མཛོད། །

གཞན་ཡང་བརྗོད་བསངས་འདོད་པའི་འགྲོ། །

མོང་དང་མཚོན་མར་མ་ཐོས་པས། །

བླ་མ་ཡི་དམ་མཁའ་འགྲོ་དང་། །

བསྲུང་མ་དམ་ཅན་རྒྱ་མཚོ་དང་། །

ཀླུ་དང་དུང་སྲོང་ཐམས་ཅད་དང་། །

ཡུལ་ལྷ་ནོར་ལྷ་ནད་ལྷ་དང་། །

· 160 ·

附录一　山神颂词

ཡུལ་དུ་འདུག་ན་ཁྲོ་བོ་མཛད།།

བསྟན་པ་སྲུང་བའི་གསུངས་དུ་གསོལ།།

མཐུ་དཔུང་གདོང་གྲོགས་རྒྱབ་བརྟེན་མཛད།།(3a)

ལམ་ལྷ་གཉེན་པོ་ཐམས་ཅད་དང་།།

གཞན་ཡང་དུས་གསུམ་པ་མ་དང་།།

ཁམས་གསུམ་རིགས་དྲུག་ཐམས་ཅད་དང་།།

ཡི་དགས་རྣམས་དང་བགེགས་རྣམས་དང་།།

ལན་ཆགས་སྟེང་རྗེས་མགྲོན་རྣམས་དང་།།

སློ་བུར་ལྷག་པའི་མགྲོན་རྣམས་དང་།།

ལྷ་ལའི་འགྲོ་རོགས་ཐམས་ཅད་དང་།།

རྒྱལ་ཐམས་མེད་པ་ཐོབ་པར་ཤོག།

ཡིད་ལ་རེ་བ་ཚོགས་པ་ཤོག།

ཀྱེ།། ལྷ་ཡི་དབང་པོ་མཐུ་རྩལ་ཅན།།

མཚོ་དང་བྲག་ལ་གནས་བཅས་པའོ།།

མཁའ་ལ་ཐོག་མེད་རྒྱུ་བ་ཡིན།།

ཅང་ཤེས་སྦྲིན་ལྷར་ཆིབས་སུ་ཆིབས།།(3b)

སྐུ་ལ་འཛོལ་བེལ་སྦྲིན་པོ་གསོལ།།

དབུ་ལ་རལ་བའི་ཅོད་པན་ཅན།།

ཡིད་འཁྲོགས་དར་དཀར་ཐོད་ཀྱི་རྒྱན།།

· 161 ·

仪式与族群认同

ཕྱག་ན་དུས་མཚོན་དགར་པོ་རྣམས།།

འབོར་དུ་སྤ་སྟེན་འབུམ་གྱིས་བསྐོར།།

བྱད་ཀྱིས་རྟ་འཕུལ་མཐུ་སྟོབས་ཀྱིས།།

ཡུག་རྩང་དཔག་མཚོན་དུ་མ་བྲོ།།

འོད་དང་གཟི་བརྗིད་བྲོ་ལམ།།

མཁའ་ལ་ཨུ་སྒྲ་ཆེབས་སུ་ཆེབས།།

བསྟན་ལ་གནས་པའི་བྱད་རྣམས་ཀྱིས།།

སྟོན་གྱི་དུས་སུ་ལྟགས་འཆང་གི།

པདྨ་འབྱུང་གནས་ལ་སོགས་པའི།།

སྨྱན་ལྟར་ཁས་བླངས་དོན་ཆེན་བཞིན།།

སངས་རྒྱས་བསྟན་པ་བསྲུང་བ་དང་།།

དགུང་བློན་སྡེ་རྣམས་རྒྱས་པར་མཛོད།།(4a)

ཁྱེད་པར་བདག་ཅག་འབོར་བཅས་ཀྱི།།

འགལ་རྐྱེན་བར་ཆད་ཞི་བ་དང་།།

མཐུན་རྐྱེན་བསམ་པ་འགྲུབ་དང་།།

རྟེན་འབྲེལ་བསླུ་མེད་བདེན་པ་དང་།།

གལ་ཏེ་ཁྱོད་ལ་མཐུ་དང་བསྟོབས།།

ཡོད་པར་གྱུར་པ་བདེན་ཡིན་ན།།

ཞེན་པ་མེད་པར་བདག་ཅག་ལ།།

· 162 ·

附录一 山神颂词

སྙིང་ནས་སྐྱག་པའི་དགྲ་བོ་ཡིན།།

ག་དང་ཁྲག་ལ་བྱུད་རོལ་ལས།།

ཕྱུག་སྙིང་ད་ལྟ་བྱུད་ལ་ཕོག།

བཙལ་བའི་འཕྲིན་ལས་གྲུབ་པར་མཛོད།།

མན་སྐྱང་ལ། བགྲ་ཤིས་ཤོག།(4b)

附录二　家庭结构示意图

△ 代表已故男性亲戚　　⊘ 代表已故女性亲戚
△ 代表男性亲属　　　　○ 代表女性亲属
▲ 代表从妻居男性亲属　● 代表从夫居女性亲属
= 代表夫妻关系　　　　≠ 代表夫妻离婚
| 代表父母与子女关系　　⊓ 代表兄弟姊妹关系

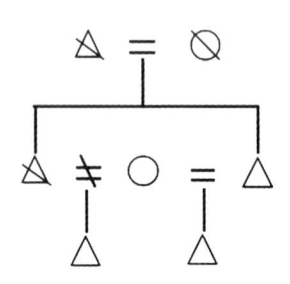

1#家庭：

附录二 家庭结构示意图

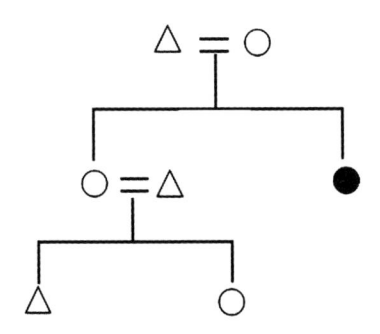

2#家庭：

3#家庭：

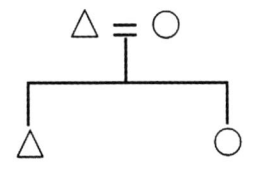

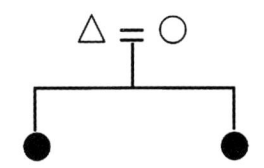

4#家庭：

· 165 ·

5#家庭：

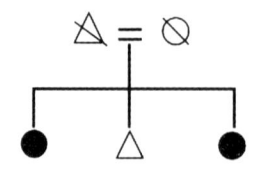

6#家庭：

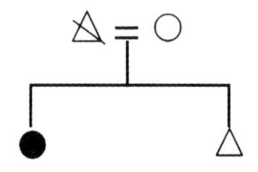

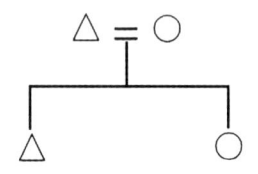

7#家庭：

附录二　家庭结构示意图

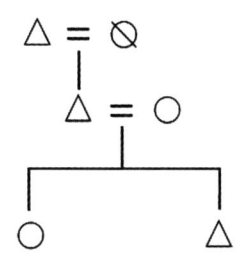

8#家庭：

9#家庭：

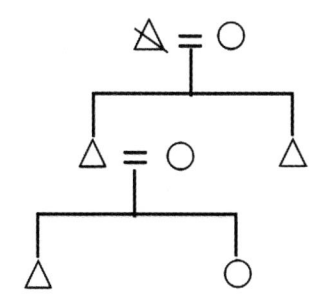

10#家庭：

仪式与族群认同

11#家庭：

△ = ○
　|
○ = △

12#家庭：

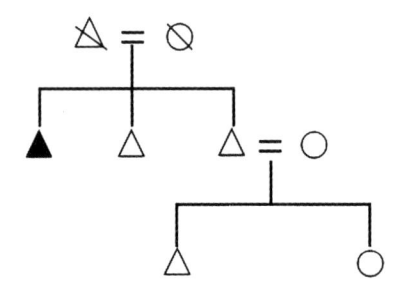

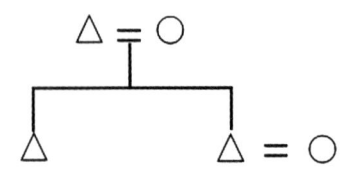

13#家庭：

14#家庭：

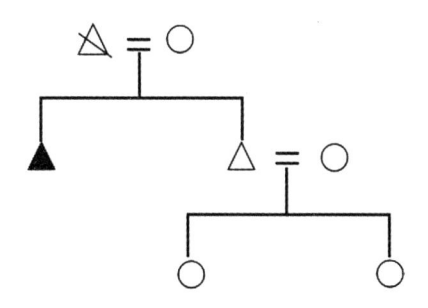

15#家庭：

16#家庭：

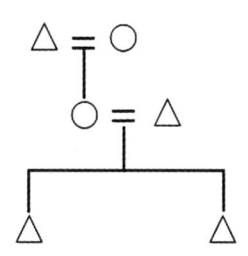

参考文献

一 藏文专著类

巴卧·祖拉陈瓦:《贤者喜宴》,民族出版社 2006 年版。

才旦夏茸:《藏族历史年鉴》,青海民族出版社 1982 年版。

达仓宗巴·班觉桑布:《汉藏史集》,四川民族出版社 1985 年版。

第吴贤者:《第吴宗教源流》,西藏古籍出版社 2012 年版。

东噶洛桑赤列:《东噶藏学大辞典》,中国藏学出版社 2002 年版。

噶玛·韦顿丹杰:《历世大宝法王略传——如意宝树》,德格木刻版。

高瑞:《吐蕃古藏文文献诠释》,甘肃民族出版社 2001 年版。

贡觉加措:《直孔法史》,民族出版社 2004 年版。

角巴东主等:《霍岭大战》,甘肃民族出版社 2014 年版。

恰白·次旦平措:《西藏简明通史·松石宝串》,西藏古籍出版社 1989 年版。

司徒班钦·却吉迥乃所:《噶玛噶举派传承史》,民族出版社 2013 年版。

索南坚赞:《西藏王统记》,民族出版社 1981 年版。

土登彭措:《藏史纲要》,民族出版社 2006 年版。

周华:《藏族简史》,民族出版社 1995 年版。

二　译著类

林耀华:《金翼——一个中国家族的史记》,庄孔韶、方静文译,生活·读书·新知三联书店 2015 年版。

［德］马克斯·韦伯:《经济和社会》(上卷),林荣远译,商务印书馆 1998 年版。

［法］阿诺尔德·范热内普:《过渡礼仪》,商务印书馆 2010 年版。

［法］劳格文、［英］科大卫:《中国乡村与墟镇神圣空间的建构》,社会科学文献出版社 2014 年版。

［美］阿吉兹:《藏边人家——关于三代定日人的真实记述》,翟胜德译,西藏人民出版社 1987 年版。

［美］本尼迪克特·安德森:《想象的共同体——民族主义的起源和散布》,吴叡人译,上海世纪出版集团 2011 年版。

［美］约瑟夫·洛克:《中国西南古纳西王国》,刘宗岳译,云南美术出版社 1999 年版。

［挪威］弗雷德里克·巴斯:《族群与边界——文化差异下的社会组织》,李丽琴译,商务印书馆 2014 年版。

［挪威］托马斯·许兰德·埃里克森:《小地方,大论题——社会文化人类学导论》,董薇译,商务印书馆 2008 年版。

［英］安东尼·史密斯:《民族主义——理论、意识形态、历史》,叶江译,上海人民出版社 2006 年版。

［英］维克多·特纳:《象征之林——恩登布人仪式散论》,商务印书馆 2012 年版。

［英］维克多·特纳:《仪式过程——结构与反结构》,中国人民大学出版社 2006 年版。

三　汉文专著类

（唐）樊绰：《云南志》（校释），中国社会科学出版社1985年版。

白庚胜：《东巴神话研究》，社会科学文献出版社1999年版。

白庚胜、和自兴、和良辉：《西方纳西学论集》，民族出版社2013年版。

车文博：《弗洛伊德主义原理选辑》，辽宁人民出版社1988年版。

陈波：《生活在香巴拉——对西藏五十年间一个文明化村落的实地研究》，社会科学文献出版社2009年版。

方国瑜：《方国瑜纳西学论集》，民族出版社2008年版。

费孝通：《中华民族多元一体格局》，中央民族大学出版社1999年版。

戈阿干：《戈阿干纳西学论集》，民族出版社2008年版。

郭大烈：《郭大烈纳西学论集》，民族出版社2008年版。

郭大烈、和志武：《纳西族史》，四川民族出版社1994年版。

郭大烈、杨世光：《东巴文化论》，云南人民出版社1991年版。

郭大烈、杨世光：《东巴文化论集》，云南人民出版社1985年版。

郭家骥、边明社：《迪庆州民族文化保护传承与开发研究》，云南人民出版社2012年版。

哈正利：《族群性的建构和维系——一个宗教群体历史与现实中的认同》，宁夏人民出版社2010年版。

和力民：《和力民纳西学论集》，民族出版社2008年版。

和志武：《和志武纳西学论集》，民族出版社2008年版。

和钟华：《和钟华纳西学论集》，民族出版社2008年版。

黄应贵：《反景入深林——人类学的观照、理论与实践》，商务印书馆2010年版。

拉本·嘎吐萨：《拉本·嘎吐萨纳西学论集》，民族出版社2008年版。

李菲：《嘉绒跳锅庄——墨尔多神山下的舞蹈、仪式与族群表述》，北京大学出版社 2014 年版。

李国文：《李国文纳西学论集》，民族出版社 2008 年版。

李近春：《李近春纳西学论集》，民族出版社 2008 年版。

李立：《寻找文化身份——一个嘉绒藏族村落的宗教民族志》，云南大学出版社 2007 年版。

李宗放：《四川古代民族史》，民族出版社 2010 年版。

丽江纳西族自治县概况编写组：《丽江纳西族自治县概况》，民族出版社 2008 年版。

马建春：《多元视阈中的河湟——族群互动、文化认同与地缘关系》，社会科学文献出版社 2013 年版。

马戎：《民族社会学——社会学的族群关系研究》，北京大学出版社 2004 年版。

马戎：《民族社会学导论》，北京大学出版社 2005 年版。

纳日碧力戈：《现代背景下的族群构建》，云南教育出版社 1999 年版。

纳西族简史编写组：《纳西族简史》，民族出版社 2008 年版。

彭兆荣：《人类学仪式的理论与实践》，民族出版社 2007 年版。

王承权、詹承绪：《王承权、詹承绪纳西学论集》，民族出版社 2008 年版。

王恒杰：《迪庆藏族社会史》，中国藏学出版社 1995 年版。

王明珂：《华夏边缘——历史记忆与族群认同》，社会科学文献出版社 2006 年版。

王明珂：《羌在汉藏之间——川西羌族的历史人类学研究》，中华书局 2008 年版。

巫达：《族群性与族群认同建构——四川尔苏人的民族志研究》，民族出版社 2010 年版。

吴泽霖：《人类学辞典》，上海辞书出版社1991年版。

杨福全：《纳西族文化史论》，云南大学出版社2006年版。

杨福全：《纳西族与藏族历史关系研究》，民族出版社2005年版。

杨福全、白庚胜：《国际东巴文化研究集粹》，云南人民出版社1993年版。

杨世光：《杨世光纳西学论集》，民族出版社2008年版。

杨渝东：《永久的漂泊——定耕苗族之迁徙感的人类学研究》，社会科学文献出版社2008年版。

杨正文：《杨正文纳西学论集》，民族出版社2008年版。

袁嘉榖：《木氏宦谱》（手抄本），1931年版。

云南省编辑组：《纳西族社会历史调查》（1—3），民族出版社2009年版。

张丽剑：《散杂居背景下的族群认同——湖南桑植白族研究》，民族出版社2009年版。

赵心愚：《纳西族与藏族关系史》，四川民族出版社2004年版。

周大鸣：《多元与共融——族群研究的理论与实践》，商务印书馆2011年版。

朱文慧：《佛教寺院与农牧村落共生关系：中国西南藏族社区研究》，唐山出版社2002年版。

四　期刊类

M. G. 史密斯：《美国的民族集团和民族性——哈佛的观点》，《民族译丛》1983年第6期。

包寿南：《藏族族源考略》，《西北民族大学学报》1979年第1期。

兰林友：《论族群与族群认同理论》，《广西民族学院学报》（哲学社会科学版）2003年第3期。

罗彩娟、梁莹：《族群认同理论研究述评》，《广西师范学院学报》

（哲学社会科学版）2014年第4期。

彭兆荣：《人类学仪式研究评述》，《民族研究》2002年第2期。

权新宇：《白马人的族群认同——基于地域、"沙嘎帽"与白鸡传说的思考》，《河北北方学院学报》（社会科学版）2011年第6期。

孙九霞：《论族群与族群认同》，《中山大学学报》1998年第2期。

索端智：《历史事实·社会记忆·族群认同——以青海黄南吾屯土族为个案的研究》，《青海民族学院学报》（社会科学版）2006年第1期。

巫达：《尔苏语言文字与尔苏人的族群认同》，《中央民族大学学报》（哲学社会科学版）2005年第5期。

徐杰舜：《论族群与民族》，《民族研究》2002年第1期。

杨垚：《民间传说与甘肃文县白马人族群认同》，《甘肃高师学报》2011年第3期。

周大鸣：《论族群与族群关系》，《广西民族学院学报》（哲学社会科学版）2001年第1期。

［科］穆罕默德·哈达德：《科威特市的民族群体和民族等级结构》，《民族译丛》1992年第5期。

五 外文文献

Max Weber, The Ethnic Group, In Parsons and Shilsetal（eds）, *The Ories of Society*, Vol. 1, Gleerol Illinois, The Free Press, 1961.

Nathan Glazer & Daniel P. Moynihan, *Ethnicity-Theory and Experience*, Harvard University Press, 1975.

Phinny, Ethnic Identity, In A. E. Kazdin（eds.）, *Encyclopedia of Sychology*, New York, Oxford University Press, 2000.

The Encyclopedia Americana Grolier In Corporate International Edition, Vol. 10, 1997.

后　　记

这里没有阿谀奉承，只有真诚和感恩。

——题记

这本书是笔者在博士学位论文的基础上修改、补充而完成的。求学第一年，自认为"远走高飞"的我，带着无数的憧憬与梦想踏进了校园，三年的学习生涯中我用流逝的青春换来净化的"心灵"；三年后迈入社会的大门，觉得自己只不过一名伪装"满载而归"的游子，带着迷茫，左右徘徊。

博士三年的求学历程，有幸度过了人生最美好的时光，其间得到了很多人的关怀与帮助，使我终生难忘，在此向他们表达我最诚挚的谢意。

潜藏于心底对民族的热爱和民间文化的爱恋，是指引我走进民族学殿堂、沉浸在民间文化事象中的主导因素。通过民族学的系统学习，间接接触了诸多民族学大家，他们的各种事迹让我学会了很多，他们每一个时间段的业绩都足以让我品味一生。

求学三载，首先，感谢的是导师郑堆研究员和万果教授。几年来，两位恩师对我严格要求，精心培养、耐心指导，在我的学习和生活方面给予了很大的支持和帮助。郑堆研究员对我的论文后期修改提出了宝贵意见和建议。万果教授对我的选题提出了很多建设性意见，尤其对田野提供了很多支持和帮助。两位恩师渊博的专业知识和深厚的学术素养，始终令我敬佩不已，也会让我受益终身。在两位恩师慈父般的关怀和爱护下，不断地校正我的人生前进的方向，这一切点点滴滴，让我刻苦铭心。感谢我的两位恩师。

感谢青海民族大学才让东智老师和西南民族大学李加才让老师。才让东智老师是论文中每个章节的第一个"读者"，李加才让老师是我的"顾问"，在他俩的指导和认真修改下，我的论文最终能得以问世。西南民族大学赛藏草老师和青麦康珠（康巴汉子）妹妹两位也是求学三年中的重要人物，他（她）们都为我指点迷津，帮我开拓思路，给予了很大的鼓励。

其次，感谢那曲地区高级中学及两位校长（次仁塔培校长和次仁拉巴校长）为我打开的学习之路。如果没有他们的帮助和支持，我的求学之路会为此而出现中断。

再次，感谢多杰扎西博士的陪伴，我们的成都，我们的夜生活，我们的九眼桥虽成为记忆，但这种美好将永远属于我们。我的舍友仁增周旦，即是大学同学，也是博士同学。"卓巴"和"戎巴"是我俩的永久性话题，三年里还是没能达成共识，这一切对于我来说值得回味。杨旻旻同学为人诚恳，善良，能与你同窗也是一种缘分。还要感谢我的朋友尕本加博士、万德加博士、马乃东智博士、东周加（拉萨）、索南扎西（西宁）、东旦多杰（西宁）王海（拉萨）、华藏本（拉萨）、加巴（杨秀才让）等，在我最困难的时候给予我支持与鼓励，感谢一路走来你们的相知相伴，愿我们的友谊地久天长。

最后，感谢我的父母及姐姐妹妹，你们是我最坚强的后盾。你们对我的疼爱、理解和支持，永远是我人生中最宝贵的财富。为了求学和工作，多年身在异地他乡，没能尽孝于千里之外的父母，心中有愧。我的爱妻罡拉卓玛，相识至今，感谢对我生活起居无微不至的照顾以及对我事业的支持。2018年9月，我们的爱子旦增珞智出生，为我们俩的小家增添了新的快乐，也让我体验了身为人父的幸福，你们俩是我一生的珍贵财富。感恩一切！扎西德勒！

夏吾交巴

2019年4月10日于西宁